선거캠프 25시

중앙정치컨설팅

선거캠프 25시

중앙정치컨설팅

|김주환 · 최원복 공저|

선거를 전략적으로 접근할 수 있도록 체계화
선거조직을 만들어 나가는 데 필요한 구성요소와 역할을 기술

실전에 활용할 수 있는
단계별 필승 핵심포인트를 제시

바른북스

　이 책에서는 선거의 모든 것에 대하여 통합적 관점으로 접근하고자 합니다. 이 책은 그 내용을 떠나서 선거에 필요한 모든 항목을 체계적으로 나열했다는 데 그 의의가 있다고 할 것입니다. 선거에 정답이 없듯이 부족한 부분은 앞으로 후보자를 비롯한 선거 관계자들과 서로 토론을 통해서 보완해 나가기를 희망합니다.

　이 책의 내용은 먼저 선거를 전략적으로 접근할 수 있도록 체계화하였고, 선거조직을 만들어 나가는데 필요한 구성요소와 역할을 기술하였으며, 실전에 활용할 수 있는 단계별 필승 핵심포인트를 제시하였습니다.

　제1부에서는 선거준비를 시작하는 관점에서 선거 로드맵을 기술하고 선거전략을 세우는데 필요한 상황분석에서부터 선거 마케팅전략 수립 과정과 선거 기본전략 수립 그리고 실전 선거 전략에 대하여 기술하였는데 이는 기존 정치인이나 정치를 입문하는 모두에게 꼭 필요한 내용이라 할 수 있습니다.

제2부에서는 실제 선거조직을 구성할 수 있도록 선거대책위원회, 전략기획본부, 종합상황실, 홍보본부, 정책본부, 언론본부, 조직본부, 유세본부, 선거지원본부의 구성과 역할에 대한 내용을 다루어 실제 선거캠프를 조직할 수 있도록 하였습니다. 실제 선거조직은 상황에 따라 조금씩 달라질 수는 있으나 그 역할은 바뀌지 않을 것입니다.

　　제3부에서는 선거 실무경험을 바탕으로 실전에서 활용 가능한 필승 핵심포인트를 단계별로 제시하였습니다. 먼저 출마를 결심하고 선거를 시작하는 단계와 선거운동을 전개하는 단계 그리고 선거결전의 날까지 선거운동을 하면서 지켜야 할 내용 및 핵심포인트를 정리하였는데 이를 활용한다면 반드시 선거에서 필승할 것이라 확신합니다.

　　정말로 훌륭한 분들이 유권자의 마음을 읽지 못하거나 선거의 작은 실수로 인하여 낙선하는 경우가 많이 있습니다. 많은 훌륭한 분들이 반드시 승리하여 진정으로 나라와 국민을 위해 봉사할 수 있는 기회를 얻을 수 있기를 간절히 바라는 마음에서 이 책을 출간합니다.

2022년 2월 15일
김주환 · 최원복 공저

제13장 선거 지원본부

제3부 필승 핵심포인트

제1부

선거전략의 수립

제1장

선거 로드맵

1. 선거준비 단계별 로드맵

　정치에 뜻이 있어 선거준비를 하기 위해서는 체계적이고 조직적인 준비가 필요하다.

　정치 초년생이나 기존 정치인이냐의 정치경험에 따라 다를 수 있으나 대체로 〈표 1-1〉과 같은 선거준비 단계별 로드맵을 만들고 타임 스케줄에 따라 철저한 준비가 이루어져야 한다.

〈표 1-1〉 선거준비 단계별 로드맵

탐색(여론 수렴) 단계	관계 형성 단계	이미지부각 단계
① 출마의 변 준비 (A4 2~3장 분량) ② 이너서클 구성 (4~5명 C · P확보) ③ VIP님 파악, 선점(재향, 재경) ④ 언론에 글 기고(月2회 정도) ⑤ 책 출간 준비(1~2권) ⑥ 중앙당 및 지역 국회의원 접촉 ⑦ 기존 후보자들의 공약 및 정책점검 ⑧ 선거구 분석 ⑨ 이슈 입장 정리 ⑩ 포럼세미나 주최 및 참여	① 선거준비기획단 구성 ② 지역책임자 및 특보 구성 ③ 범 지역 및 도 · 시 · 군민 추대위원회 구성 ④ 책 출간 및 출판 기념회 ⑤ 공약 및 정책개발 ⑥ 정책여론조사 ⑦ 언론관계 강화 ⑧ 이슈주도 여론화 ⑨ 자금 조달계획	① 선거대책위원회 구성 ② 자금 조달 계획 및 선거예산안 편성 ③ 선거사무소 설치 ④ 선거구 종합상황 분석 ⑤ 선거전략 정책 · 공약수립을 위한 여론조사 ⑥ 지지자 확산운동 전개 ⑦ 정치 및 지역 현안 등에 대한 대언론활동 전개
※ 핵심 성공 요인(KSF) : 정당 공천 확보 또는 단일화		

(1) 탐색(여론 수렴) 단계

1) 출마의 변(Mission Statement) 준비

첫 번째 준비단계로서 출마하려는 의지와 동기가 담긴 비전과 철학을 반영한 출마의 변을 준비하여야 한다. A4 용지 3장 분량의 출마의 변(Mission Statement)에는 강력한 출마 동기, 의지, 철학과 비전을 명확히 제시하여야 한다.

출마 선언의 시점을 정하는 것도 큰 행사나 사회적으로 큰 이슈가 있을 경우는 피하고 관련성 있는 이슈가 있을 때나 기사거리가 없을 때를 선택하는 것도 하나의 방법이다.

2) 이너서클 구성

이너서클(Inner Circle)은 4~5명의 핵심요원(C.P: Critical Person)으로서 향후 선거와 관련된 일정, 정책, 공약, 전략 등을 만들어가는 핵심참모들인데, 선거의 처음부터 끝까지 함께 책임과 권리를 지는 무한책임의 핵심브레인들로 구성되어야 하며 당선 후의 협력 관계까지 고려되어야 한다.

3) VIP list 파악, 선점

재향 및 재경의 VIP list를 파악하고 지역 원로 및 오피니언 리더들을 선점하여야 한다. 지역의 명망 있는 분들과 오피니언 리더들의 명단을 작성하여 그들의 성향을 파악한다. 경쟁후보에 비해 먼저 접촉되어야 좋은 관계를 만들 수 있으며 접촉 후에는 반드시 관계를 지속시켜 가는 것이 중요하다.

기존에 안면이 있는 분이라면 먼저 전화통화라도 걸어놓고 만남의 약속을 정하고 처음 만나야 하는 경우라면 지인의 소개를 통하여 접근하고 만남이 있은 후에 반드시 전화 또는 문자 등으로 관계를 지속시켜야 한다.

4) 언론에 글 기고

중앙언론 및 지방언론에 월 2회 정도의 자기 PR(홍보) 기사를 게재함으로써 이미지부각 및 자기 존재를 알려야 한다. 이를 통해 언론사의 중요 인사들과의 좋은 관계를 유지하고 발전시켜 나가야 한다. 앞으로의 선거는 갈수록 언론의 비중이 커지고 있으므로 출마의 뜻이 있다며 평소 지역 언론인들과의 관계를 지속시켜 나갈 필요가 있다.

5) 책 출간 준비

제2단계인 관계 형성 단계에서의 책 출간 및 출판기념회를 위해 지역사회에 관심, 자신의 삶, 지금까지의 경력을 소개하는 책 출간 준비를 하여야 한다.

가능한 자신의 삶을 진솔하게 정리하고 과거 · 현재 그리고 미래의 자기 모습을 표현하여야 한다. 본인의 경력을 바탕으로 어떤 능력과 역량을 지니고 있는지도 보여줘야 한다.

6) 중앙당 및 지역 국회의원과 접속

자기 지역구에 영향을 미칠 수 있는 정치인들과의 유대를 강화하여야 한다. 정당공천이 있는 경우는 특히 중앙당의 영향력 있는 정치인들 및 지역사회의 국회의원들과의 좋은 관계 설정이 향후 공천 및 선거구에서의 활동에 있어서 매우 중요하다.

7) 기존 후보자들의 정책 점검 및 공약

자기 지역의 당선자 및 기존 후보자들의 정책 및 공약을 분석, 점검함으로써 기본적인 지역구의 많은 정보를 알 수 있다. 이를 토대로 지역주민과의 대화와 토론을 통하여 나만의 정책 및 공약을 개발 · 발전시켜야 한다.

8) 선거구 분석

지방자치단체의 기본자료와 선거관리위원회의 선거 관련 자료들을 토대로 선거구의 역대 선거결과에서 나타난 고정표의 범위와 부동표의 범위를 분석하고 인구통계적 변수(성별, 나이, 지역, 수입 등)별로 세분화하여 숙지하고 있어야 한다.

9) 이슈 입장 정리

현재 자기 지역에서의 이슈를 파악 · 정리함으로써 지역 현안에 대한 정보와 대안을 제시할 준비를 하여야 한다. 언론과 지역사회 주민들의 질문에 대한 명확한 입장 정리가 되어 있어야 한다.

그러나 처음부터 섣불리 입장을 주장하기보다는 좀 더 신중하고 여론의 추이를 봐가며 말을 아끼고 주민들의 말을 듣는 것으로 일관하는 것이 더욱 중요하며 적당한 시기를 봐서 입장을 밝히는 것도 좋다.

10) 포럼 · 세미나 주최 및 참여

지역사회에 관련된 포럼 · 세미나를 개최하여 자신의 정치적 소신과 지역발전 방향을 제시하고 이를 통해 언론이나 지역주민들과의 상호 커뮤니케이션을 도모하면서 인지도 제고 및 친밀도를 높인다. 이때 반드시 정치적 언행이나 행동을 보여줘서는 안 되며 지역 현안에 대한 대화와 토론의 장으로 만들어 진정성을 보여주는 것이 중요하다.

(2) 관계형성 단계

1) 선거준비기획단 구성

제1단계의 활동을 중심으로 4~5명 이너서클 멤버를 확대하여 선거기획단을 구성하여야 한다. 이에는 핵심 브레인들과 지역의 참모들이 포함되어야 하며 의사결정 기구로서의 역할을 할 수 있어야 한다.

2) 지역 책임자 및 특보 구성

전체 지역을 총괄할 수 있는 책임자와 각 지역을 책임질 수 있는 특보를 추천받아 후보의 인지도 제고에 활용하여야 한다. 지역별, 연령별, 직능별 책임자를 조기에 확보함으로써 경쟁후보에 비해 인적자원의 선점을 가져올 수 있다.

3) 범 지역 및 도 · 시 · 군민 추대위원회 구성

지역의 유력인사들이나 협회나 사회단체의 장이 추대하는 방식을 취하여, 언론 및 여론에 유리한 환경을 조성함으로써 조기에 우호적인 분위기를 이끌어 낼 수 있다.

이는 선거기획단과 지역 책임자 및 참모들과의 유기적 관계 속에서 이루어져야 한다.

4) 책 출간 및 출판기념회

이미 준비한 책을 출간하고 출판기념회를 개최함으로써 이미지 제고 및 우호적 세력을 확보함과 동시에 언론 및 여론에 우호적 환경을 만들 수 있다.

경쟁 관계에 따라서는 참석 인원의 규모에 의해 상대의 기세를 잡을 수 있으므로 철저하게 준비하는 것이 좋다. 그러나 책 판매를 통해 일정액의 자금도 확보할 수 있는 방법이기는 하나 무리하게 큰돈을 모은다면 구설수에 오를 수 있으므로 주의하여야 한다.

5) 공약 및 정책개발

기존 후보들의 공약 및 정책검토를 기반으로 새로운 공약 및 정책을 보완함으로써 경쟁후보에 비해 우월한 전략 수립 및 전술을 개발하여야 한다.

좋은 공약 및 정책은 책상 앞에서 만들어지는 것이 아니라 반드시 현장에서 그 답을 구해야 하는 것이며 수시로 피드백하여 같이 만들어 나가야 할 것이다.

6) 정책여론조사

후보의 인지도 제고를 목적으로 한 여론조사로 여러 명의 후보를 대상으로 조사를 하지만 특별히 자신의 경력 및 강점을 제시함으로써 강력한 이미지 제고를 도모하는 정책적 인지도 제고 방법이다.

인지도가 잘 알려지지 않은 후보에게 유효하게 적용되며 인지도가 있는 후보에게도 정책을 만들고 여론을 이끌어 나가는데 적절하게 사용된다.

7) 언론관계 강화

중앙 또는 지역 언론사 및 관계자들과의 우호적 관계를 강화함으로써 호의적인 이미지를 언론에 부각시킬 수 있으며, 위기 및 이슈에 노출 시에도 최악의 보도가 아닌 차선의 보도를 유도할 수 있다.

언론관계를 원만히 수행할 수 있는 이미지 좋고 능력 있는 언론담당자를 선거 초반부터 우선적으로 물색하여 좋은 언론관계를 유지하는 것이 중요하다.

8) 이슈 주도 여론화

현재 지역의 핵심이슈에 대한 명확한 입장과 대응 논리를 정리함으로써 언론 및 지역여론에 적절히 대처할 수 있으며, 반대 논리에 대한 정당성을 주장할 수 있다. 또한 미래 발전 이슈에 대한 주도권을 가짐으로써 후보의 능력을 부각하고 강한 이미지를 심을 수 있다.

선거에 뒤지고 있는 후보라면 TV토론 등을 통하여 상대가 미처 생각지 못한 새로운 이슈를 부각하여 역전의 기회를 만들 수도 있을 것이므로 이슈를 선점하고 주도하는 것이 선거를 유리하게 이끌 수 있다고 할 수 있다.

9) 자금 조달 계획

선거에서의 자금계획은 무엇보다도 중요하다. 선거가 끝나기 전에 자금이 떨어진다면 가장 중요한 선거 막판에 집중할 수 없게 되어 선거에 패할 수도 있기 때문이다. 따라서 기존에 생각한 자금 조달 계획을 보다 구체적으로 산정할 필요가 있다.

본인의 자금 조달 능력, 후원금 조성, 펀드 조성 등으로 확보할 수 있는 자금을 계산해 보고 이에 맞는 적절한 지출 예산을 반드시 사전에 편성해야 한다.

(3) 이미지부각 단계

1) 선거대책위원회의 구성

경선단계 및 본선단계에서 기존의 선거준비기획단을 확대 재편성하여 명실공히 성공적으로 선거를 치를 수 있는 선거대책위원회를 구성하여야 한다.

선거대책위원회는 선대위원장, 선대본부장, 분과별 본부장 등 핵심참모 및 지역별, 직능별 조직참모로 구성되어야 한다.

2) 자금 조달 계획 및 선거예산안 편성

자금 조달 계획을 구체화하고 실행화하여 자금을 확보해야 하고, 선거관리위원회 회계규정에 의하여 전체 자금계획을 수립하여야 한다.

여기서 공직선거법에 입각하여 보전비용과 보전 안 되는 비용을 구분하여 관리할 수 있도록 전체적인 예산을 편성한다.

3) 선거사무소 설치

전략적으로 중요한 지역에 선대위 사무소를 설치해야 하며 선거법에 규정한 지역별 선거사무소도 설치해야 한다.

선대위 인원과 봉사자 수를 고려하여 적절한 규모의 사무소를 결정해야 하며 접근이 용이하며 외·내부의 선거 현수막을 크게 부착하여 멀리서도 보일 수 있는 장소로 결정하여야 한다.

선거사무소는 필요 이상으로 너무 커서 언론의 지탄을 받기도 하지만 오는 손님을 대접하고 발대식이나 개소식을 염두에 둔다면 어느 정도의 규모를 갖추는 것이 좋다.

작은 사무실은 오히려 선거의 의지를 낮게 보여 오는 분들을 적극적 지지로 이끌어 내기 힘들 수 있으므로 선거의 규모에 맞게 오는 위치를 고려하고 현수막이 잘 보이는 사무실을 선택하는 것이 중요하다.

4) 선거구 종합상황 분석

전체 선거구에 대한 현황을 파악하여야 한다. 과거 선거에서 나타난 관련 자료들을 확보하여 이를 분석하여 체계적이고 조직적인 현황을 마련하여야 이를 토대로 선거전략 수립 및 전술을 활용할 수 있다.

5) 선거전략 정책·공약 수립을 위한 여론조사

선거전략에 기본이 되는 정책 및 공약을 수립해야 하는데, 기존의 정책과 공약을 토대로 실제 지역주민 및 유권자들에게 여론조사를 실시하여 좋은 의견을 반영하는 것이 바람직하다.

여론조사는 주로 유권자분석을 위해 실시된다. 유권자 분석은 지리적, 인구통계적, 사회심리적, 정치성향의 특성을 파악하기 위해 실시하여야 한다.

또한 투표참여 여부, 정당지지도, 후보와 경쟁후보의 인지도, 선호도 및 지지도, 이미지, 유권자의 후보선택 기준 및 관심사항 등을 분석하게 된다.

6) 지지자 확산운동 전개

기존의 조직책 및 참모를 중심으로 지지자 확산운동을 전개하여 기존 고정지지자 외에 새로운 지지자를 확보하고 세를 확산함으로써 선거운동에 유리한 고지를 확보할 수 있다.

지지자 확산운동은 새로운 지지자를 확보하는 데 그 목적이 있는데 자칫 실적 위주로 진행된다면 새로운 지지자 확보보다는 기존 지지자의 명단확보에만 열을 올려 역효과를 가져올 수가 있다.

따라서 무리한 목표를 설정하기보다는 책임자 중심으로 매일 저녁회의를 통하여 개인별 추가 실적을 공유하고 새로운 지지를 구하는 방법을 발표하고 토론하는 방식으로 진행하는 것이 바람직할 것이다.

7) 정치 및 지역 현안 등에 대한 대언론 활동 전개

대 언론 활동을 통하여 본인의 정치적 견해 및 지역 현안에 대한 입장을 유권자들에게 알리며, 후보자 행보를 사진 또는 동영상으로 언론매체에 최대한 노출시킴으로써 좋은 이미지를 향상시키고 유권자와 상호 공감대를 형성할 수 있는 기반을 다질 수 있다.

2. 선거 실행단계별 로드맵

일정 기간의 선거준비 기간을 거쳐 경선을 통해 최종 선거를 치르게 되는데, 이러한 선거 실행단계별 로드맵은 〈표 1-2〉와 같이 준비하여 실행하여야 한다.

〈표 1-2〉 선거 실행단계별 로드맵

경선단계	본선단계
① 경선캠프 구성	① 선거대책위원회 구성
② 인지도 및 선호도 제고 집중	② 선거사무소 확대 · 개편
③ 선거인단 모집	③ 개소식 및 발대식
(조직 및 지역책임자 선정)	④ 표적유권자 결집
④ 정당의 정체성과 일치	⑤ 경선 후유증 제거
⑤ 중간층에 어필	⑥ 메시지 전달
⑥ 이슈의 제기 및 확산	⑦ 선거전략 수립
⑦ 예비후보자 등록	⑧ 선거전략 실행
⑧ 여론조사 감시단 파견	⑨ 선거자원 총동원
	⑩ 당선 메시지 발표
※ 핵심 성공 요인 (KSF) : 경선 승리 및 본선 당선	

(1) 경선단계 로드맵

1) 경선캠프 구성

사조직 중심의 경선캠프를 구성하여 운영해야 하며 경선이 없는 경우 선거대책위원회를 구성하여 본선단계로 들어가지만 정당의 후보가 되려고 할 때는 경선을 통해 정당의 후보가 되어야 한다.

공조직(정당조직) 관계자들과 우호적 관계를 유지하면서 사조직을 구성하여 잘 활용해야 한다. 사조직은 지역의 명망 있고 능력 있는 인사들로 캠프를 구성하여야 한다.

2) 인지도 및 선호도 제고 집중

경선 승리를 목표로 전통적 지지층을 결집하고 이들을 상대로 하여 인지도 및 선호도 제고에 집중한다. 정당 경선의 유권자들은 책임당원, 기존 당원, 대의원 후보가 동원한 선거인 그리고 자발적인 참여인 등으로 구성된다.

이때 유권자들에게도 기본적인 인지도를 확보해야 하는 것이 중요하다. 유권자들은 본선과 달리 후보들을 충분히 인지하게 되는데 상대적으로 인지도가 낮은 후보는 우선 관심 대상에서 제외될 가능성이 매우 높다. 따라서 후보는 최소한 기본적인 인지도 50%를 확보하여야 한다.

인지도가 낮은 후보는 경선 라이벌이나 다른 당의 유력후보를 상대로 공격적인 이슈를 전개하여야만 유권자와 언론의 관심을 집중시킬 수 있으므로 인지도 상승의 효과를 볼 수 있다.

3) 선거인단 모집

경선 후보들은 후보등록 이전부터 경선에 참여할 선거인단 모집을 준비해야 한다. 경선 룰이 어떻게 전개될지 모르는 상황에서도 선거인단의 준비는 필수요소이다.

당내 선거에서는 인터넷으로 선거인단을 모집하여 투표하는 방식이 많이 활용되고 있는바 아직도 조직력이 선거에 미치는 영향력은 크다고 할 수 있다.

먼저 지역별, 분야별 조직 책임자를 선정한다. 조직 포스트가 중심이 되어 각자 책임을 맡은 단위별로 선거인단을 모집한다. 특히 후보의 혈연, 지연, 학연 등 평소에 관계했던 단체들을 통하여 선거인단 모집이 활발하게 이루어지도록 한다.

선거인단은 대체로 정치적 관심이 높은 유권자로서 자기 정당의 후보에 대해 본선에서의 당선 가능성, 즉 본선 경쟁력이라는 기준을 가지고 검증하고 선택한다.

당내의 당선 가능성은 인지도, 정당충성도, 득표력 등의 기준으로 판단한다. 후보는 이 세 가지 기준을 종합적으로 고려하여 경선전략을 준비해야 한다. 이는 경선뿐만 아니라 일반적인 공천을 위해서도 필요하다.

4) 정당의 정체성과 일치

후보는 자신의 정체성과 정당의 정체성을 일치시켜야 한다. 보가 당의 정체성과 맞지 않거나 괴리가 생기는 행위를 할 경우 당원과 지지자들을 결집시키기 어려울 것이다.

후보가 당의 발전을 위해 기여하였거나 최근에 입당했을 경우 당의 정체성에 충실한 활동을 하였다는 점을 집중 홍보해야 한다. 를 위하여 당의 정체성을 반영한 이슈와 공약을 제시하여야 한다.

5) 중간층에 어필

중간층에 어필하는 전략을 구사한다. 선거인단이 가장 중요하게 여기는 선택 기준은 후보의 득표력이다. 여기서 득표력이란 정당표 이외에 독자적인 인물표를 보유하고 있는 것을 의미한다. 정당의 기본표만 가지고 본선에서 승리하기는 어렵기 때문이다.

당의 후보가 되면 정당표는 결집된다. 문제는 인물표다. 인물표는 주로 중간층에서 나온다. 결국 후보는 중간층을 끌어들일 수 있는 소구력을 가지고 있어야 한다.

경선 기본전략은 당에 대한 기여도를 강조하거나 당의 노선을 실현하기 위해 열심히 활동해 왔음을 부각하는 데서 출발한다. 동시에 본선에서 중간층에게 득표력이 있음을 입증할 수 있는 경력, 이슈, 비전 등을 제시한다.

6) 이슈의 제기 및 확산

처음 선거에 임하는 후보는 선도후보를 상대로 선제적이고 공격적인 이슈를 통해 선거주도권을 장악할 수 있어야 하며, 조직 활동과 이슈에 집중해야 한다. 이슈의 제기 및 확산은 기자회견, 보도자료, 구전홍보, 전화홍보, 홍보물, 인터넷 및 모바일홍보, 토론회, 연설회 등을 활용한다.

7) 예비후보자 등록

처음 선거에 임하는 후보의 경우 가급적 빨리 예비후보자로 등록하는 것이 좋다. 선거사무소 내부 또는 외부의 현수막 설치, 명함배포, 예비후보자 홍보물 등을 이용하여 일찌감치 선거운동을 할 수 있기 때문이다.

인터넷과 SNS를 이용한 선거운동은 언제든지 할 수 있으므로 예비후보자 등록 이전이라도 출마를 결심한 순간부터 활용한다.

8) 여론조사 감시단 파견

경선은 다양한 방법으로 경선 룰이 만들어지고 있는데 100% 여론조사로 결정되는 경우도 많아졌으며, 최소 50% 이상의 여론조사 반영비율을 가지고 있다. 따라서 여론조사는 경선의 가장 중요한 요소가 되었다.

여론조사는 주로 전화 여론조사를 많이 사용하는데 여론조사 감시단을 운영하여 여론조사 기간 내 지지자들이 전화를 받을 수 있도록 독려해야 한다.

또한 여론조사는 조작이 쉬운 만큼 당내 평가단 및 여론조사 기관에 참관인을 참석시켜 불공정 거래가 없는지 면밀히 살펴야 한다.

(2) 본선단계 로드맵

1) 선거대책위원회 구성

기존의 선거캠프를 확대·개편하여 거국적으로 선거대책위원회를 구성하여야 하며, 선거대책위원회는 사조직으로 구성된 캠프구성원들과 정당조직인 공조직 인사들뿐만 아니라 경선에서 패배한 후보들과 캠프구성원들까지 포용하여 조직을 구성하여야 한다.

정당조직과 사조직 간의 마찰을 최소화하기 위한 융합이 필요하고 정당조직을 잘 활용하여 선거에 임하여야 한다.

사조직의 특보조직은 기존에 활동하던 대로 독립적으로 움직이지만, 내부조직은 정당조직과 사조직과의 역할분담을 명확히 하여 통일된 의사결정 체계를 갖춰 상호 긴밀한 협조를 이끌어 내는 것이 중요하다.

2) 선거사무소 확대·개편

선거대책위원회의 확대·개편에 맞추어 선거사무소도 위치 및 크기를 고려하여 선정하여야 한다. 또한 선거연락소를 각 시도 및 구ㆍ시ㆍ군(국회의원 지역구)마다 1개소를 둘 수 있으므로 적절하게 배치하여야 한다.

3) 개소식 및 발대식

개소식 및 발대식은 내부의 단합과 사기 앙양을 위해 선거활동을 독려하는 역할을 한다. 후보자의 가족, 친지, 친구 등을 비롯하여 참모, 선거조직원 등을 참여시킨다.

개소식은 유권자들에게 세를 과시할 수 있는 유일한 방안으로 개소식에 참여한 사람들이 많은 지지자들의 환성에 표심을 자극할 수 있다는 면에서 중앙당 또는 지역의 명망 있는 분들을 초대하고 지지자들을 결집할 필요가 있다.

이때의 분위기가 입소문을 타고 유권자들에게 전달된다는 것을 명심하여야 한다.

발대식은 행동지향적으로 출발의 의미를 담고 있으므로 지지자들의 세를 확보하고 내부적인 결속을 다지는 데 의의가 있다. 보통의 경우 발대식은 개소식과 동시에 하는 경우가 많다.

4) 표적유권자 결집

본선단계는 표적유권자를 결집하고 이들을 대상으로 한 선호도 및 지지도 제고에 주력한다. 공천이 확정되면 신속하게 본선 체제로 돌입한다.

본격적인 선거캠페인이 시작되면 먼저 당원과 지지자에게 진심 어린 감사 인사를 하는 것으로 시작한다.

5) 경선 후유증 제거

경선 후유증을 신속히 수습하여야 하며 당내 경쟁자의 지지를 이끌어 내야 한다. 경쟁자를 선거캠프의 공동선대위원장으로 내정하는 것도 좋은 예이며 조직원들을 일부 흡수하여 조직을 재정비하여야 한다.

이러한 활동들을 통해 후보의 리더십을 발휘하고 지지층을 결집시킨다.

6) 메시지 전달

기자회견을 통해 본선을 향한 첫 메시지를 유권자에게 전달한다. 판세가 유리하면 차분한 기조로 캠페인을 실시하고, 불리하면 공격적인 이슈를 주장한다.

경선 승리 후 일정 기간 지지도가 급상승하는 컨벤션 효과가 나타나기도 한다. 후보는 이럴 때일수록 겸손하고 성실한 태도를 보여야 한다.

7) 선거전략 수립

본선에 대비한 선거전략 수립, 여론조사 실시, 일정 계획 및 실행,

이미지 메이킹, PR, 선거공약 개발, 연설 및 토론 준비, 선거기구 구성, 외곽조직 관리, 대외 협력 등을 추진한다.

후보는 필요 시 선거전략 회의에 참석하여 주요 선거전략 수립에 참여한다. 또한 인물론과 대세론을 확산시켜 중간층을 집중 공략한다. 만약 열세인 경우라면 이슈를 선제적이고 공격적으로 제기하여 주도하여야 한다.

또한 선거운동원 확보·배치 및 광고, 홍보물, 유세 차량, 전화홍보, 인터넷홍보, 모바일홍보, SNS 대책, DB 구축, 선거회계, 후보등록 등 선거 실무준비를 진행한다.

8) 선거전략 실행

선거전략을 실행하여 여론조사 등 신속한 피드백을 통해 수정·보완한다. 후보는 계획된 일정에 따라 캠페인을 진행하고 주요 사항을 결정한다.

선거운동 기간에 선거사무소에서 열리는 선거대책위원회에 매일 참석할 필요는 없으나 일주일 1~2회는 참석하여 선거관계자와 선거운동원을 격려하고 주요 이슈사항을 공유한다.

또한 핵심간부 회의는 수시로 소집하여 중요 이슈에 대한 전략 회의를 별도로 진행한다.

이용 가능한 선거자원을 총동원하되 표적유권자를 상대로 효율적으로 집행한다. 경쟁후보의 부정선거를 철저히 감시하고 대응한다. 선거 막판 지지층과 부동층을 향해 캠페인을 전개한다.

9) 선거자원 총동원

선거 막바지에 이르러 인적 · 물적 자원을 총동원하여야 한다. 지금까지의 우호적 유권자를 계속 유지하고 부동층 또는 중간층에게 강력히 어필하여 이들을 흡수하여야 한다.

이때 준법감시단을 최대로 가동하여 상대 후보의 불법 · 탈법 선거운동을 적발해 내어 선관위에 고발 또는 검찰에 수사를 의뢰해야 한다.

10) 당선 메시지 발표

당선이 확실한 것으로 판단될 경우 당선 직후의 메시지 혼선을 예방해야 한다. 당선 소감 및 인터뷰에 대비해 핵심 메시지를 정리하고 당선 확정과 동시에 인터뷰를 진행할 수 있도록 한다.

또한 대변인을 선정해 일관된 메시지를 제시할 수 있도록 준비하고 당선자 운영의 로드맵과 활동 계획을 수립하고, 참모진 인선을 준비한다.

제2장

상황분석

선거전략은 우선 철저한 상황분석에서부터 시작된다. 선거 상황 분석은 선거전략의 기초자료를 수집하고 정리하는 것으로 후보분석, 경쟁후보분석, 정세분석, 선거구분석, 유권자분석, SWOT분석으로 구분된다(〈표 2-1 참조〉)

〈표 2-1〉 선거 상황분석

상황분석	후보분석	• 후보의 장·단점분석 • 후보의 인적·물적 자원분석 • 주요 지지 지역 및 계층분석 • 예상 득표력 분석
	경쟁 후보분석	• 경쟁후보의 장·단점분석 • 경쟁후보의 인적·물적 자원분석 • 경쟁후보의 예상 선거전략 분석 • 의정활동 및 공약이행 정도 분석
	정세분석	• 정치적 정세분석 • 경제적 정세분석

상황분석	선거구분석	• 인문 · 지리적 환경분석 • 사회 · 경제적 환경분석 • 지역 현안분석 • 법적 환경분석
	유권자분석	• 지리적 특성분석 • 인구통계적 특성분석 • 사회심리적 특성분석 • 정치성향 특성분석 • 여론조사분석
	SWOT분석	• 강점 · 약점분석 (내부환경) • 기회 · 위협분석 (외부환경)

1. 후보분석

선거의 상황분석은 후보자 자신에 대한 분석부터 시작한다.

후보분석 요소는 〈표 2-2〉와 같다.

〈표 2-2〉 후보분석 요소

후보분석 요소
① 후보의 장 · 단점 및 강 · 약점 ② 후보자의 학력 및 경력 ③ 후보자의 정치적 상황 ④ 자금동원 능력 ⑤ 주요 지지 지역 또는 계층 ⑥ 공조직과 사조직 상황 ⑦ 예상 표적유권자 ⑧ 예상 득표력

① 먼저 후보의 장 · 단점 및 강 · 약점, 특성 등을 분석하여야 한다. 정치적, 지역적 강점 및 약점 그리고 예상 경쟁후보에 비해 내세울 만한 핵심요소를 파악한다.

② 후보자의 학력 및 경력 등을 상세히 정리하고 자신의 강점을 파악하여 부각한다.

③ 후보자의 정치적 상황을 고려하여야 한다. 정당에서의 위치 및 정당 내 예상 후보자의 위치 등을 파악하여 당내 경선에서 우위를 점할 수 있는지 여부 및 당내 대표주자로 나설 수 있는 방안 등을 고려한다.

④ 본인의 자금상태 및 주변 인사의 후원금 등 자금 동원능력의 가늠해보고 예상 금액을 파악하여야 예산 및 전략을 세울 수 있을 것이다.

⑤ 공조직과 사조직의 상황을 파악하여야 한다. 출마하고자 하는 지역구의 현재 공조직 상태와 자신이 운영할 수 있는 사조직의 규모 등을 고려한다.

⑥ 자신의 지지기반을 확인하여야 한다. 자신을 지지하는 지역 및 계층 등을 파악한다.

⑦ 자신의 지지기반 외 당선을 위한 표적유권자층을 구별하고 표적유권자층을 지지세력으로 확보할 방안을 모색한다.

⑨ 마지막으로 이를 종합적으로 예상득표율을 점검하여 당선 가능성을 예측해 본다.

2. 경쟁후보분석

경쟁후보분석은 유권자의 인식 속에 경쟁후보가 어떻게 포지셔닝되어 있는가를 파악하는 것이다.

경쟁후보분석 요소는 〈표 2-3〉와 같다.

경쟁후보분석 요소
① 경쟁후보 장·단점 및 강·약점
② 경쟁후보의 인물, 경력, 인맥, 학연, 지연, 자금, 조직 등 인적·물적 자원
③ 주요 지지 지역 또는 계층 파악 및 예상 득표율
④ 예상 공약 및 선거전략, 선거 테마, 이슈 대한 입장
⑤ 의정활동 및 공약 이행 정도

① 1차적으로 현재 드러나고 있는 예상 경쟁후보의 장·단점 및 강·약점을 파악해 본다.

② 경쟁후보의 인물을 파악한다. 신상의 특이점 및 도덕성, 사회활동 및 정치 경력, 인맥과 학연, 지연, 자금, 조직 등 인적·물적 자원을 파악한다.

③ 경쟁후보의 주요지지 지역 또는 계층을 파악하고 예상 득표율을 예상해 본다.

④ 예상 공약 및 선거전략을 예측해 보고 선거 테마 및 이슈에 대한 입장 등에 관한 정보를 수집·분석한다.

⑤ 경쟁후보가 현역단체장이나 현역 의원인 경우 의정활동, 공약이행 실
   적, 지역발전 기여도, 정치행적 등을 파악한다.

3. 정세분석

선거운동은 객관적인 정세분석에서 출발한다. 정세분석은 선거승
리를 위해 어떤 선거전략 요소를 활용해야 하는가를 판단하는 기초
작업이다.

정세분석은 언론보도, 여론조사기관, 정부기관, 각 정당, 각종 연
구소, 사회단체의 정세분석자료 등과 같은 공적인 자료와 후보 자신
의 인적정보, 통계자료 등의 사적인 자료를 종합하여 판단한다.

정세분석은 선거전략이나 전술의 방향과 활동을 도출하기 위한 것
이다. 따라서 세부적으로 정밀하고 세세하게 하는 것도 좋지만 선거
에 작용할 중요한 핵심사항 및 이슈 등을 열거하고 이것이 선거에 미
칠 영향과 대응 방향만을 제시하는 것이 좋다.

(1) 정치적 정세분석

정치적 분석은 선거의 정치적 형세 판단을 위해 필요한 정치적 상
황을 분석하는 것으로 그 예시를 보면 다음과 같다.

① 정부의 중간평가 성격이 강한가를 판단하고 강하다면 현 정부의 공과

에 따라 정치적으로 변화가 올 것이다.

② 신당이 출범하는지 여부와 그 파괴력이 얼마나될 것인가 하는 것이다. 현재 기성 정치인에 대한 불신으로 인해 새로운 신당의 출범과 소수정당들의 연합이 선거에 미치는 영향과 그 정치인들이 보여주는 기성 정치인들과의 차이에 대한 유권자들의 심판이 기다릴 것이다.

③ 지방단체장 및 지방의원의 정당 공천제 폐지가 실시될 것인가 하는 것이다. 공천제가 폐지된다면 현재의 교육감 선거와 같이 보수와 진보로 나누어 어떻게 보수 또는 진보의 대표주자가 되느냐에 관심을 두게 되어 인물 위주의 선거가 될 것이다.

④ 안보에 대한 유권자들의 시각이다. 북한 내부의 불안정성과 북핵 실험 및 미국, 일본, 중국, 러시아 등의 행보 등에도 선거는 많은 영향을 미칠 수 있다.

(2) 경제적 정세분석

세계 경제의 불황은 우리나라에 지속적으로 어떤 영향이 미칠 것인가, 수출과 내수의 동반 부진으로 인한 양극화의 심화가 국민 생활에 미치는 영향을 분석한다.

또한 한국경제의 불황 속에서 지역갈등에 대한 사항이 어떻게 전개될 것인가 하는 것 등을 고려해야 한다.

경제가 호황이라면 정부의 경제정책 변화로 인하여 노동계의 요구
가 높아지고 노 · 사간의 충돌과 함께 복지에도 더 많은 관심을 갖게
될 것임으로 이런 상황을 고려해야 한다.

4. 선거구분석

(1) 형태별 선거구분석

선거구분석은 유권자가 살고 있는 선거구의 인문 · 지리적 환경분석,
사회 · 경제적 환경분석, 지역 현안분석 및 법적 환경분석을 의미한다.

형태별 선거구분석은 〈표 2-4〉와 같다.

〈표 2-4〉 형태별 선거구분석

구분	내용
인문 · 지리적 환경 분석	• 지역의 역사 및 특성 등을 분석한다.
사회 · 경제적 환경 분석	• 지역경제지표, 지역재정 상황, 사회기반시설, 교통, 교육, 복지, 보건 의료, 공공기관, 주민조직, 주민주거 형태 등을 분석한다.
지역 현안분석	• 주민 숙원사업과 그 필요성 및 지역경제 사정과 교육환경 조사 등을 분석한다. • 지역 현안이 중앙정부 또는 국회에서 해결되어야 할 문제인지 지방 정부 또는 지방의회에서 해결해야 하는지를 구분한다.
법적 환경분석	• 해당 지역구에 있어서 법적 문제와 이후 예상되는 문제점분석한다.

(2) 선거구분석 방법

선거구분석을 위해서는 중앙정부와 지방자치단체가 발간하는 백서, 업무계획, 통계자료, 시민단체 보고서 등의 자료를 기초데이터로 활용한다.

특히, 후보캠프가 유권자를 대상으로 직접적으로 정책 설문조사를 실시한다면 지역 현안분석 자료와 유권자 데이터는 물론 후보 홍보 효과도 얻을 수 있다(〈표 2-5〉 참조).

〈표 2-5〉 선거구분석 지역 실태조사

항목	조사 내용	출처
주민조사	• 성별, 직업, 학력, 연령	• 시·군·구 홈페이지
지역 현안 조사	• 교통, 주택, 재개발	• 지역신문, 선거홍보물
환경조사	• 유치원, 초, 중, 고, 대학 및 기타 교육시설 • 보건소, 병원 • 사회복지시설 / 문화체육시설	• 시·군·구 홈페이지
정치 사전조사	• 역대 선거결과 • 단체장 및 시·구의원현황 • 경쟁후보 관련 정보	• 선관위 홈페이지 • 상대후보 홈페이지 • 각종 언론

5. 유권자분석

유권자분석은 지리적 특성분석, 인구통계적 특성분석, 사회·심리적 특성분석, 정치성향 특성분석 및 여론조사분석 등을 이용한다.

(1) 지리적 특성분석

지리적 특성분석은 유권자가 거주하고 있는 선거구의 지리적 특성을 분석하는 것이다.

1) 도시 및 아파트지역

도시지역은 상대적으로 정치적 및 사회적 규범에 대한 관심이 높고 사회 현상에 대한 비판적 성향과 지역 이슈에 관심은 많으나 투표성향은 높지 않다. 상대적으로 젊은 고학력 유권자층의 비율이 높다.

아파트지역은 계층적으로는 중산층에 속하고 지적 수준이 높고 개인적 성향과 TV 시청률이 높다. 가족 중심적 분위기와 자녀 교육열이 강하나 지역적 유대는 약한 편이다. 친분관계에 있는 주부들 간의 교류를 통하여 아파트 거주자의 여론이 형성된다.

2) 농어촌 지역

농어촌 지역의 경우 보수성이 강하다. 저학력 노년층의 비율이 높으며 권위주의적인 투표 형태로 인해 이슈보다는 인물에 집중하는 성향을 보이며 정치적 측면보다는 지역적인 문제에 더 큰 관심을 보인다.

농어촌은 일정 지역의 장기 거주자들로서 대면 접촉을 통해 강한 인간적인 유대관계를 형성하고 투표 성향이 강하고 투표 의사결정에 있어서 집안 어른, 동네 어른의 의사를 따르게 되는 경우가 많다.

농어촌 지역은 주로 마을의 오피니언 리더에 의해 여론이 형성되는 경향이 있다.

(2) 인구통계적 특성분석

인구통계적 특성분석은 성별, 연령별, 계층별로 구분하여 특징을 조사한다. 인구통계적 분석은 표적유권자를 세분화하는데 활용되며 지역 현안의 파악에도 많은 도움이 된다.

1) 여성층

여성들은 상대적으로 물가, 교육, 치안, 주거환경 등 생활 주변의 삶의 문제에 더 큰 관심을 가지고 있다. 따라서 자원봉사자는 여성으로 충원하는 것이 바람직하다.

또한 여성유권자의 표를 획득하려는 목적을 밖으로 드러내서는 안 되며, 여성 관련 이슈에 대하여 현시대에 맞게 여성권익 및 여성에게 실제 도움이 될 수 있는 방향으로 방안을 제시함으로써 여성유권자의 조용한 표를 획득한다.

2) 청년층

전체 유권자 중에서 20~30대는 개혁적인 유권자로서 일반적 성향은 기존의 정치인을 불신하고 참신한 인물, 개혁적인 정당 및 후보를 지지하는 경향이 강하다. 또한 결집력이 약하여 부동층으로 분류된다.

경제적 풍요함과 정규교육을 받고 성장한 80년대 이후 출생한 유권자는 향후 선거의 향방에 큰 영향을 미칠 것으로 예상된다. 그리고 30대 유권자는 20대 유권자보다 정치에 대한 관심이 높다.

3) 중년층

전체 유권자 중에서 40~50대 등 중년층 유권자는 여론을 주도하는 위치에 있어 선거 분위기를 좌우하는 결정적인 유권자이다.

유교적 가치관과 가족주의에 대한 향수를 갖고 있으며, 청년층의 개인주의나 합리주의에 거부감을 갖고 있다. 혈연 지향적이며 지연과 학연을 중시하며 지역성을 탈피하지 못하고 있다

4) 노년층

우리나라 노년층의 인구가 2030년 우리나라 인구의 24.3%로 증가할 것으로 예상되고 있다. 노년층의 증가는 우리나라가 보수적 경향으로 정치적 영향력이 커질 것을 의미하는데, 노년층은 직접적 이해관계를 넘어서 정치 쟁점, 사회적인 문제에 관심이 많다는 것이다.

또한 복지에 대한 요구가 점점 증가할 것이다. 노인들의 지속적인 웰빙생할의 지원, 사회적 활동기회를 요구하는 것에 대한 정책개발이 필요해 지고 있다.

5) 중산층

선진국으로 갈수록 소득의 양극화와 중산층의 붕괴라는 경제 위기론이 경제이슈가 되고 있다. 집권세력이 가장 경계해야 할 계층이며 정권교체의 주축이 되고 있는 세력이다.

전반적으로 개인주의적이고 자기 이익에 집착하지만 사회정의를 말하고 재벌 독점이나 정경유착에 심하게 반발하는 성향을 취하기도 한다.

또한 부동층으로 분류되기는 하나 SNS 등과 같은 모바일을 통해 결집력을 발휘할 수 있는 계층이다.

(3) 사회심리적 특성분석

사회 · 심리적 분석은 유권자의 개성, 의견, 흥미, 라이프스타일, 매체 접촉 실태 등을 분석하는 것이다.

특히, 라이프스타일 분석은 유권자의 투표 행동 과정을 설명해 주며 유권자 세분화를 위한 효과적인 자료가 된다. 이를 위하여 여론조사를 실시하거나 광고회사 또는 여론조사기관 등에서 발간하는 라이프스타일 보고서를 활용한다.

　　유권자들의 선거 매체 접촉 실태를 파악하는 것도 매우 중요하다. 유권자들은 선거와 후보에 대한 정보를 TV, 라디오 등의 방송 매체, 신문 매체, 인터넷, 모바일, SNS 등과 선거홍보물, 가족, 친지, 친구 등 주변 사람들을 통해 얻는다.

　　매체접촉 경로를 파악하게 되면 메시지전략, 매체전략, 유세전략 등을 정확하게 수립할 수 있다.

(4) 정치성향 특성분석

　　정치성향 특성분석은 다음과 같다.

① 역대 선거분석을 통해 유권자들의 투표 형태와 지역별 투표 성향을 파악하는 것이다.

② 정치적 성향 및 투표 경향, 투표율, 한계 득표율 유권자 조사를 통해 획득한 유권자의 의식과 태도를 심층적으로 분석한다.

③ 이를 통하여 유권자의 욕구를 발견하고 유권자들이 원하는 후보자의 이미지와 자질, 식견을 파악하여 공약을 개발한다.

정치성향 특성분석 항목은 〈표 2-6〉과 같다.

정치성향 특성분석 항목

① 정치에 대한 관심
② 유권자들의 관심 주제
③ 현실문제에 대한 견해
④ 현 정부와 대통령에 대한 판단
⑤ 만족도와 신뢰도
⑥ 정당 및 정치인의 인기지표
⑦ 유권자의 선호 이미지
⑧ 후보선택 기준
⑨ 후보선택 시기
⑩ 정당 및 정치인의 상세한 이미지
⑪ 정보취득경로
⑫ 투표 의도

(5) 여론조사분석

여론조사는 이제 선거에서 없어서는 안 될 필수요소가 되었다. 여론조사분석은 언론에서 보도하는 여론조사 자료, 과거조사 자료, 후보 측이 직접 실시한 여론조사 등을 사용한다.

여론조사를 통해 투표참여 여부, 정당지지도, 후보와 경쟁후보의 인지도, 선호도, 지지도, 이미지, 유권자의 후보선택 기준 및 관심사항 등을 분석한다.

포커스 그룹 인터뷰 등의 조사를 이용하여 유권자의 인식 속에 있는 이상적인 후보의 기준이나 이미지, 경쟁후보들 간의 포지션을 심층분석한다.

여론조사에서는 언론이나 각종 단체에서 실시하는 후보의 지지도나 당선 가능성 등에 대한 일반적인 여론조사와 후보자가 유권자의 특성이나 성향에 관하여 전략적으로 접근하기 위해 정책적으로 실시하는 여론조사 방법이 있다.

6. SWOT분석

SWOT(Strength, Weakness, Opportunity, Threat)분석은 후보자의 강점과 약점인 내부환경 그리고 기회요인과 위협요인인 외부환경으로 구분된다.

SWOT분석은 지금까지의 상황분석을 통하여 자신의 강점은 최대로 살리고 약점은 보완하며, 외부환경분석으로부터 온 기회는 최대로 살리고 위협은 회피하는 전략을 구사하는데 있다.

〈그림 2-1〉과 같이 후보자의 강점과 약점을 나열하고 외부환경으로부터 후보자에게 기회가 되는 요소와 위협이 되는 요소를 나열한다.

〈그림 2-1〉 SWOT분석 (예시)

S (강점)	W (약점)
젊고 패기 있는 참신한 이미지 성격이 친화적이고 친근하다.	지역 내 인지도가 부족하다. 정치적 경험이 없다.
O (기회)	T (위협)
유권자들이 세대교체를 원한다. 기존 경쟁자가 비리에 연루되어 있다.	경선을 100% 여론조사로 할 경우 인지도 낮은 후보에게 불리하다. 당 지지도가 하락 추세에 있다.

이렇게 정리된 SWOT의 요소를 파악하여 현 정치 상황에서 네 가지의 전략이 나올 수 있다.

① SO전략은 외부환경의 기회가 왔을 때 후보자의 강점과 결부하여 기회를 포착하는 전략을 말한다.

② ST전략은 후보자의 강점을 통해서 외부환경의 위협요인을 극복하는 전략이다.

③ WO전략은 외부환경의 유리한 기회를 통하여 후보자의 약점을 극복하고 선거를 유리하게 이끌어 가는 전략이다.

④ WT전략은 후보자의 약점을 보완하여 외부환경의 위협을 극복하는 전략이다.

이를 종합하면 〈그림 2-2〉와 같다.

〈그림 2-2〉 SWOT 전략

	S (강점)	W (약점)
O (기회)	SO전략	WO전략
	기회로부터 선거를 유리하게 전개할 강점을 활용하는 전략	후보자의 약점을 극복하면서 기회를 살리는 전략
T (위협)	ST전략	WT전략
	위협을 회피하기 위해 후보자의 강점을 활용하는 전략	후보자의 약점을 최소화하고 위협을 회피하는 전략

제3장

마케팅전략의 수립

1. 표적유권자 전략(S.T.P)

상황분석을 통하여 유권자에 관한 전반적인 사항을 파악한 후, 선거 목표를 수립하기 위하여 유권자를 세분화하고 세분화한 유권자 중에서 표적유권자를 선정하고 포지셔닝을 실시한다.

상황분석을 거쳐 문제와 기회를 포착하고, 후보자가 현재 위치에서 가지고 있는 문제점을 해결하고 기회요소를 부각시킨다는 차원에서 선거운동을 전개하도록 한다.

즉 선거운동으로 해결해야 할 문제점과 강점을 강화시키고, 기회요소를 부각시키는 것이 선거전략의 과제이며, 그 과제를 선거운동의 목표로 설정한다.

우선, 당선을 위한 목표 득표수를 정한 후 지역별, 계층별 득표 목표를 설정하고 표적 집단과 연계성을 지니도록 한다. 전략 수립을 위한 득표 목표는 과학적이고 세밀한 검토를 거쳐 현실성 있게 수립한다.

선거 목표를 수립한 후 실행전략으로는 마케팅전략의 핵심인 S.T.P(Segmentation, Targeting, Positioning)가 활용된다. 즉 유권자 세분화(Segmentation), 표적유권자 선정(Targeting), 포지셔닝(Positioning)의 3단계이다.

(1) 유권자 세분화

1) 유권자 세분화(Segmentation)의 개념

일반적으로 유권자들은 다양한 요구와 욕구를 가진 집단이다. 그러나 유권자들 개개인은 모두 상이하지만, 특정 후보에 대한 태도, 의견 등에서 비슷한 유권자 집단들이 존재한다.

이러한 비슷한 성향을 가진 유권자들을 다른 성향을 가진 유권자 집단과 분리하여 하나의 집단으로 묶는 과정을 유권자 세분화(segmentation)라고 한다.

따라서 유권자 세분화의 결과는 서로 다른 세분집단의 유권자들 간에는 이질성이 극대화되어야 하고, 동일 세분집단의 유권자 내에서는 동질성이 극대화되어야 바람직하다.

후보의 입장에서는 모든 유권자들이 자신을 지지하지 않으며, 자신이 제시하는 정책이나 공약이 모든 유권자들을 만족시켜 줄 수 없다는 가정하에서 자신을 지지하는 유권자 집단에 효과적으로 접근하여 최소의 시간과 노력으로 최대의 효과를 얻어야 한다.

이와 같이 유권자 세분화는 선거전략의 효과를 증대시켜 시간과 자원의 효율성을 높여주기 위한 방법이다.

2) 유권자 세분화의 기준변수

세분화의 기준변수들로는 인구통계적 변수, 지리적 변수, 심리분석적 변수, 행동분석적 변수 등이 있다.

① 인구통계적 변수: 인구통계적 변수로는 나이, 성별, 가족 수, 소득, 직업, 교육수준, 종교 등이 사용된다. 이 방법은 유권자의 욕구와 선호 등이 흔히 이러한 변수들과 상관관계가 높고 또 변수들을 측정하기가 용이하기 때문이다.

② 지리적 변수: 지리적 변수로는 지역, 인구밀도, 인구수, 도시의 크기 등이 흔히 사용된다. 후보에 따라서는 지리적 변수에 따라 유권자의 요구나 욕구가 다른 경우가 많다.

지리적 변수에 의한 세분화의 장점은 세분화 작업이 비교적 용이하고 적은 비용으로 세분집단에 접근할 수 있다는 것이다

③ 심리분석적 변수: 심리분석적 변수로는 사회계층, 라이프스타일 (lifestyle), 개성과 이미지 등이 사용된다. 이러한 변수들은 유권자에 대해 인구통계적 변수보다 더 구체적인 정보를 제공하는 장점이 있다.

인구통계적으로는 같은 세분집단에 속한 유권자들이라도 매우 다른 심리분석적 특성을 보이는 경우가 많다. 유권자들은 살아가는 양식에 따라 필요한 요구와 욕구도 다르기 때문이다.

④ 행동분석적 변수 행동분석적 변수는 후보자와 관련하여 유권자를 세분하기에 알맞은 변수로서, 정치에 관한 관심도, 투표참여도, 후보 인지도, 후보 지지도, 정당 충성도 등의 정치적 태도와 성향 등이 이에 해당한다.

만약 지지성향이라는 행동학적 기준을 따른다면 선거 상황에 따라 표적유권자를 다르게 선정해야 한다. 이를 종합하면 〈표 3-1〉과 같이 정리할 수 있다.

〈표 3-1〉 유권자 세분화 변수

세분화 변수	구체적 변수
인구통계적 변수	• 연령, 성별, 소득수준, 교육 정도, 결혼 여부, 종교, 가족 규모, 거주 형태
지리적 변수	• 지역, 인구밀도, 인구수, 도시 규모
심리분석적 변수	• 사회적 계층, 라이프스타일, 개성과 이미지
행동분석적 변수	• 정치에 관한 관심도, 투표참여도, 후보인지도, 후보지지도, 정당 충성도 등의 정치적 태도와 성향

(2) 표적유권자 선정

표적유권자(Target)란 '후보자가 가지고 있는 제한된 시간과 자원을 효율적으로 사용하기 위해 노력을 집중하는 유권자'를 말한다.

표적유권자 선정은 유권자의 행동적 세분화와 더불어 유권자의 외적 분석인 인구통계적 변수와 내적 분석인 심리분석적 변수를 통해 핵심목표 유권자층을 찾아내는 작업이다. 정확한 표적유권자 선정은 선거전략의 가장 핵심사항이다.

1) 표적유권자 선정전략

유권자 세분화에 따라 시장은 다수의 세분집단으로 나누어진다. 그러면 후보자는 몇 개의 세분집단을 집중할 것인지와 어떤 세분집단을 집중 공략할' 것인가를 결정해야 한다.

몇 개의 세분집단으로 나누는 문제에 대해 후보자가 택할 수 있는 대안에는 각 집단에 따른 차별적 전략(differentiated strategy), 비차별적 전략(undiffer entiated strategy), 집중적 전략(focus strategy) 의 세 가지이며, 이러한 전략은 〈그림 3-1〉과 같이 나타낼 수 있다.

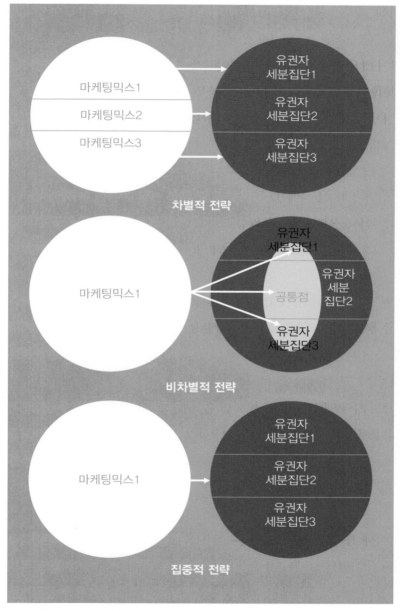

자료원:Kotler, Philip(2005), Marketing Management, 11th ed., NJ:Prentice—Hall. 의 응용

① 차별적 전략(differentiated strategy) : 차별적 전략은 세분화된 여러 집단의
특성에 맞도록 각각 다른 마케팅믹스를 만드는 전략이다. 이 전략은
몇 개의 표적유권자를 선정하고 각각 차별화된 마케팅믹스를 적용하
게 되므로 다양한 유권자를 만족시킬 수 있다.

이 경우 차별화된 세분시장의 수가 많아지기 때문에 이에 따른 마케
팅믹스를 수행하기 위한 시간과 자원도 증가하게 마련이므로 충분한 인
적, 물적 자원을 가지지 못한 후보자는 이 전략을 수행하기 어렵다.

② 비차별적 전략(undifferentiated strategy) : 비차별적 전략은 하나, 혹은 여러
개의 세분유권자들에게 하나의 마케팅믹스를 적용하는 전략이다. 이
때 유권자의 지지성향이 비슷한 집단을 가장 평균적인 부분이나 크기
가 큰 공통점을 표적으로 삼으며, 주로 표준화된 선거전략을 취하고
후보 이미지를 강하게 부각시킬 수 있는 촉진전략을 취한다. 비차별
적 전략은 차별적 전략보다는 적은 마케팅믹스 자원이 소요된다.

③ 집중적 전략(focus strategy) : 집중적 전략은 특정 표적유권자에 대해서
전문화된 마케팅믹스를 수행하는 전략이다. 차별적 전략이나 비차별
적 전략은 전체 유권자가 대상이지만 이 전략은 특화된 유권자에 시
간과 자원을 집중한다.

후보자의 자원이 부족하여 전체 유권자를 지배하기 힘들 때 선택하
는 이 전략은 설정된 유권자 집단에 맞는 전문적인 마케팅믹스로 유권
자의 요구와 욕구를 만족시켜 지지율을 높일 수 있다는 장점이 있다.

2) 표적유권자 선정의 고려 요소

표적유권자 선정에 있어서 고려해야 할 요소는 다음과 같다.

① 후보자의 시간과 자원: 차별적 전략에는 가장 많은 시간과 자원이 요
구되며 비차별적 전략에도 상당한 수준 이상의 시간과 자원이 투입
되어야 한다. 만약 후보자의 시간과 자원이 매우 제한되어 있다면,
후보자의 선택 대안은 집중적 전략이 가장 적절하다.

② 유권자의 동질성: 유권자의 요구와 욕구가 비슷하고 다양한 마케팅
믹스에 대해서도 동일한 반응을 나타내는 경우에는 유권자를 세분화
할 필요가 없어 비차별적 전략을 사용할 수 있다.

③ 경쟁후보의 전략: 경쟁후보가 적극적으로 세분화에 의한 전략을 실
시하게 되면 비차별적 전략으로 대응이 어렵게 된다. 반면, 경쟁후보
가 비차별적 전략을 사용할 때는 후보자는 세분화 전략을 통해 유권
자에게 경쟁적 우위를 가져야 한다.

(3) 포지셔닝

1) 포지셔닝(Positioning)의 개념

유권자 세분화와 표적유권자 선정이 끝나면 S.T.P.전략의 마지막
단계인 포지셔닝을 해야 한다. 포지셔닝이란 '후보자의 이미지가 어
떤 위치에 있는가, 경쟁후보에 비해 어떤 점이 강하고 그렇지 못한지
에 대해 분석하고 자신의 위치를 정하는 활동'이라고 할 수 있다.

포지셔닝의 기준으로 사용되는 것은 일반적으로 후보자의 이미지, 성격, 성장 배경, 경험, 프로필 등이다. 이외에도 후보자의 정책, 공약, 이슈에 대한 의견, 경쟁후보와의 차별성 등이 포지셔닝의 기준이 된다.

2) 포지셔닝 전략

포지셔닝 전략을 실행하기 위해서는 먼저 후보자와 경쟁후보가 현재 어떻게 포지셔닝되어 있는가를 파악해야 한다.

이를 위해서는 유권자를 대상으로 여론조사를 실시함으로써 이미지 혹은 인지도 등 포지셔닝 기준에 의해 각 후보자가 어느 위치에 존재하는가를 알아야 한다.

이러한 단계를 거친 이후에는 현재의 위치가 후보자가 바라는 위치이며 또한 이상적인 위치인가를 판단하고, 그렇지 않다면 그 위치를 변화시키기 위해 마케팅믹스의 변화를 시도해야 한다.

즉 정책의 개선, 공약 수정, 홍보전략 변경, 매체와의 관계 재정립 등의 문제를 다시 고려해야 한다.

포지셔닝은 선거전략에서 핵심전략(Core Strategy)을 선택할 수 있고 시행할 수 있는 유용한 수단이 된다.

왜냐하면, 포지셔닝을 실행하는 과정에서 유권자가 중시하는 속성이나 기준을 파악할 수 있게 되는데, 성공적인 포지셔닝은 그러한 속성과 기준에 대한 집중적인 노력을 요구하기 때문이다.

3) 포지셔닝 시 고려사항

포지셔닝 시 고려사항은 다음과 같다.

① 모든 것은 유권자의 관점에서 출발하여야 한다. 먼저 유권자의 관점에서 자기 자신이 어떤 위치를 점유하고 있는지 살펴야 한다. 후보의 입장이 아니라 유권자의 입장에서 찾아야 한다.

② 유권자의 관점을 바꾸는 것은 거의 불가능한 일이다. 후보가 이미 유권자의 관점에서 자리 잡고 있는 그곳에서 포지셔닝을 시작하는 편이 훨씬 쉽다.

유권자가 후보에 대해 인식하고 있는 바로 그 지점에서 포지셔닝해야 한다. 이후 포지셔닝을 확장 또는 변경하려는 경우에도 유권자의 인식에서 출발하여야 한다.

③ 후보의 실제 인물상을 완전히 무시하고 전혀 다른 포지션을 만드는 것은 좋지 않다. 처음 선거에 임하는 후보자는 포지션이 없다는 것에서부터 출발하여야 한다.

현역의원의 경우에는 유권자의 마인드에 이미 존재하는 자신의 포지션을 최대한 살려 이를 새로운 포지션과 연결해야 한다.

④ 포지셔닝을 성공시키려면 선거 콘셉트와 선거 메시지를 지나치다 싶을 만큼 단순화시켜야 한다. 유권자의 마인드에 파고들기 위해서는 메시지를 날카롭게 갈아야 한다. 애매하거나 불필요한 것은 없애야 한다.

⑤ 기본적인 포지션을 결정하고 나면 그것을 꾸준히 지속해야 한다. 꾸준히 홍보한다면 강력한 포지셔닝 프로그램이 될 수 있다. 포지셔닝은 점진적으로 누적되는 성질을 가진 선거 콘셉트이므로 변화가 요구되는 경우에는 장기적인 전략을 구현하는 데 필요한 단기적 전술 변경에 그쳐야 한다.

유권자의 마인드에 후보의 메시지 혹은 한 단어를 주입하고 나면 그것을 계속 반복해야 포지셔닝이 효과적으로 실행될 수 있다. 즉 일관성을 유지하고 꾸준하게 지속해야 하는 것이다.

4) 포지셔닝 맵

포지셔닝 맵이란 여러 가지 평가 기준에 따라 각 후보들의 위치를 나타내는 것이다.

즉 선거에서 유권자가 후보에 대한 이미지나 지지도를 형성하는데 고려하는 여러 가지 속성을 두세 가지 차원으로 압축하여 각 차원들을 기준으로 후보자들의 전반적인 유사성이나 선호도에 대한 유권자들의 응답 결과를 공간상에 표시하는 것이다.

포지셔닝 맵 상에서의 각 대상의 위치는 고려되는 속성차원에서 그 대상이 얼마나 강점과 약점을 지니고 있는 가를 보여주고 표시된 후보들 간의 거리로 미루어 유사성을 판단할 수 있다.

포지셔닝 맵을 통하여 유권자가 후보를 평가하는데 사용하는 기본적인 기준들을 알 수 있으므로 포지셔닝 맵을 이용한 포지셔닝이 중요하다.

포지셔닝 맵의 예시는 〈그림 3-2〉 〈그림 3-3〉과 같다.

〈그림 3-2〉 포지셔닝 맵 예시 (후보역량과 인지도)

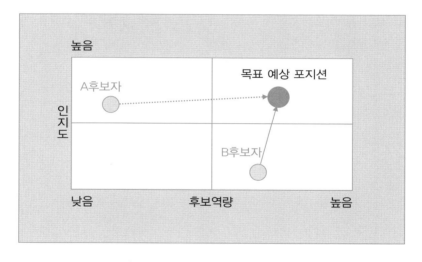

후보자의 맵이 어디에 위치하고 있느냐에 따라 전략은 달라져야 한다.

A후보자의 경우 인지도는 높으나 후보역량이 낮은 것으로 나타난다면 목표 예상 포지션에 도달하기 위해 유권자들에게 과거 업적이나 이슈에 대한 구체적인 대안 등을 마련함으로써 후보역량을 인정받을 수 있는 전략을 써야 할 것이다.

반면 B후보자의 경우 후보역량은 높게 나타났으나 인지도가 낮아 목표 인지도에 도달하기 위해서는 인지도를 높이는 전략을 구사해야 할 것이다. 따라서 언론의 노출이나 대규모 집회 등에 더욱 신경을 써야 할 것이다.

〈그림 3-3〉 포지셔닝 맵 예시 (지지도와 인지도)

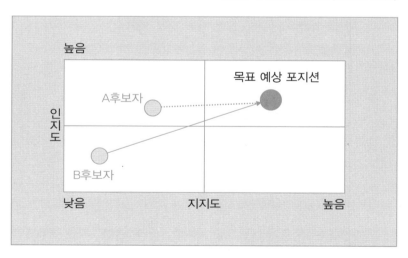

A후보자의 경우 인지도는 높으므로 목표 예상 포지션으로 갈려면 인지도를 지지도로 끌어올리는 전략이 필요하다. 따라서 개인이나 단체를 접촉하는 1:1 전략이 유효할 수 있다.

반면 B후보자의 경우 인지도가 낮은 위치에 있는데 다행히 인지도만큼의 지지도가 있어 목표 예상 포지션에 도달하기 위해서는 인지도를 높이는 전략이 유효할 것이다. 따라서 B후보자 역시 언론의 노출이나 대규모 집회 등에 더욱 신경을 써야 할 것이다.

2. 선거마케팅믹스

선거마케팅이란 유권자의 욕구 충족, 유권자 만족, 유권자 감동, 우호적 유권자 창출 및 유지, 유권자 지향 및 유권자와의 끈끈한 관계를 유지하는 것을 말하는 것으로 정치목표를 분명히 설정하여 이 목표를 수행하는 것이다.

선거 목표를 달성하기 위해서는 마케팅믹스 개념을 활용할 필요가 있다. 마케팅전략의 가장 기본은 네 가지 핵심요소인 제품(Product), 가격(Price), 유통(Place; distribution), 촉진(Promotion)의 마케팅믹스를 통해 경쟁우위를 확보하는 것이다.

선거마케팅믹스는 〈그림 3-4〉와 같다.

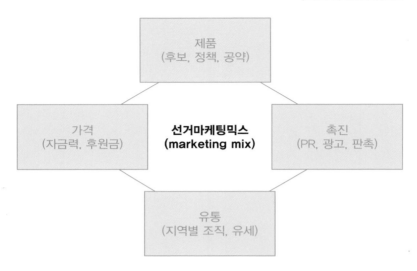

(1) 제품전략

제품전략이란 어떤 제품을 만들 것인지에 대한 전략이다. 여기서 제품은 후보에 해당되며, 정당의 정강 정책, 경제정책, 후보자의 인격, 성격, 학력, 경력, 정치성향, 리더십, 비전 등을 포함한다.

제품인 후보는 마케팅전략에서 가장 중요한 것으로 정강정책과 후보자의 성품이나 인품이 좋지 않고서는 선거에 당선될 수가 없다.

또한 유권자들이 선호하는 정책 · 공약을 개발하는 것은 선거마케팅에서 매우 중요하다. 그 정책 · 공약이란 경제 · 정치 · 사회 정책에 관한 전반적인 정책일 수도 있고 그 지역에 부합하는 지역정책일 수도 있다.

(2) 가격전략

―――

가격전략은 후보자가 정치자금 조성과 선거예산을 적절하게 사용하는 것을 말한다. 어떻게 선거법을 준수하여 선거자금을 확보하고 후원회 등을 조직하여 선거자금을 조달하며 이를 선거활동에 적절하게 배분할 것인가에 대한 것이다.

즉 비용이나 경쟁후보 가치를 고려해 후보의 가치가 얼마나 될 것인가를 결정하는 것이다. 가격전략은 고가의 고급화 전략이나 저가의 대중화 전략 등이 있다. 선거에서의 가격은 후보자의 가치이며 유권자가 지불하고자 하는 비용이며, 후원금을 내거나 노동력을 제공하는 것이 그것이다.

(3) 유통전략

―――

유통전략은 후보자(제품)가 유권자에게 쉽게 접근할 수 있도록 일정관리상 효율적인 동선을 찾아 경쟁우위를 확보하는 것을 말한다. 즉 후보자의 이미지와 전달하고자 하는 바를 최적의 경로를 통해 유권자들에게 전달하는 일련의 활동을 말한다.

예를 들어 TV토론, 광고, 인터넷, 홈페이지, 블로그, SNS, 유세 등이 포함된다. 여기서 유통은 유권자들보다 효과적으로 공략할 수 있는 매체나 수단이 선택된다.

유통전략은 각 시·군·구별, 지구당별로 선거자원을 배분하는 경로정책으로서 매우 중요하다. 각 정당의 선거대책본부에서는 지역의 특수성을 감안하여 자기 정당에게 유리한 득표전략을 수립하여야 한다.

특히 지역성을 중시해야 하는 이유는 지지표로 흡수 가능한 지역에 집중적으로 노력함으로써 많은 표를 얻고 비용과 시간을 절약할 수 있기 때문이다.

지지표로 흡수할 수 없다고 판단되는 지역을 일찌감치 포기하는 것이 선거 득표 전략상 바람직한 경우도 있다.

(4) 촉진전략

촉진전략은 후보를 유권자에게 알리기 위한 광고나 전단지 배포, 언론기사 보도, 판촉이벤트 등의 광고와 홍보활동을 말한다. 촉진전략은 PR, 홍보, 광고, SNS, 연설, 이벤트, 직접 대면 커뮤니케이션 등을 포함한다.

촉진전략을 세울 때 유권자와 일방향 커뮤니케이션 수단인 광고보다는 쌍방향 커뮤니케이션 수단인 PR을 활용하는 것이 바람직하다. 이와 같은 요인들을 적절히 믹스하여 최적의 촉진 효과를 달성하여야 한다.

※ 일반마케팅과 선거마케팅이 유사한 점이 있지만 다른 점도 있다.

① 일반마케팅에서는 2위나 3위도 생존할 수 있지만, 선거마케팅전략은
오직 1위만이 있을 뿐이다.

② 일반마케팅은 장기간 캠페인이 가능하나 선거마케팅은 예비후보자
등록 시점부터 본격적으로 실행 가능하다.

③ 일반마케팅은 풍부한 자금과 다양한 수단을 활용할 수 있지만, 선거
마케팅은 일반마케팅에 비해 활용할 수 있는 자금과 수단이 상대적
으로 제한적이다.

그러나 일반마케팅과 선거마케팅의 기본적인 원리가 같다고 볼 수
있으므로 축적된 마케팅믹스를 활용하면 과학적이고 정확한 선거마
케팅전략을 수립할 수 있다.

선거마케팅믹스는 〈표 3-2〉과 같이 정리할 수 있다.

〈표 3-2〉 선거마케팅믹스(marketing mix)

제품 (Product)	가격 (Price)	유통 (Place: Distribution)	촉진 (Promotion)

• 성장 과정
• 학력 및 경력
• 정책 및 공약
• 후보 특성 (인격/
  학력/ 경력)
• 장 · 단점
• 인지도
• 정치성향
• 정당정체성
• 리더십
• 비전
• 선거 아이디어
	• 후원금
	• 펀딩
	• 자금력
	• 자원봉사자
	• 출판기념회
	• 수입
		• 지역별 조직
		• 지역별 유세
		• 후보 및 후보배우
		  자의 유세
		• 유명인사지원유세
		• 지연 · 혈연 · 학
		  연 지원 유세
			• PR
			• 광고
			• 판촉
			• 대면접촉
			• 활동
			• 이벤트
			• 선거 벽보
			• 연설
			• SNS
			• 인터넷

　　전체 선거운동을 기획하고 실행하기 위한 기초개념이자 모든 선거 전략 중에서 가장 중요한 핵심으로서 후보자에 대한 유권자의 관심이나 이미지 형성을 주도한다.

　　선거 테마는 선거 콘셉트와 선거 슬로건으로 구성된다.

(1) 선거 콘셉트

　　선거 콘셉트는 선거캠페인을 통해 유권자에게 전달할 기본 메시지로서 후보에 대한 유권자의 관심이나 이미지 형성을 주도한다. 선거 콘셉트은 세 가지 기준으로 설정한다.

1) 후보와의 관련성

　　유권자가 좋아하고 관심을 가지고 있다고 하더라도 후보와 관련성이 없는 선거 콘셉트을 내세우는 것은 아무 설득력이 없다.

　　유권자들이 새로운 인물을 요구한다고 해서 다선의 나이든 현역 의원이 '새로운 정치'를 내세운다면 대다수의 유권자들은 받아들이지 않을 것이다.

2) 표적유권자와의 관련성

　　표적유권자로 선정된 유권자들의 지각과 욕구에 부합하는 선거 콘셉트을 선정해야 한다. 이러한 선거 콘셉트만이 그들의 관심과 호의를 유발하여 지지를 이끌어 낼 수 있다.

유권자의 눈높이에서 그들의 마인드를 들여다 보아야한다. 선거 콘셉트은 후보가 아닌 유권자의 마인드에서 찾아야 하기 때문이다.

3) 경쟁후보와의 차별성

경쟁후보와 뚜렷이 구별되고 우위를 차지하는 특성을 강조해야 한다. 자신만이 가지고 있는 독창적인 선거 콘셉트를 가지고 있어야 한다.

경쟁후보와 유사한 선거 콘셉트를 설정하고 비슷한 메시지를 전달하면 유권자의 마인드에 들어갈 수 없다. 특히, 경쟁후보가 이미 유권자 인식의 사다리 맨 처음에 자리 잡고 있는 경우에는 치명적인 결과로 이어진다.

선거 콘셉트 설정 방법은 후보자가 중요하다고 판단하는 콘셉트와 유권자가 중요하다고 판단하는 콘셉트를 최우선으로 설정한다.

또한 후보자의 강점을 적극 활용한다. 즉 유권자들에게 현재 또는 잠재적인 중요성을 갖는 콘셉트와 후보자가 주는 신뢰성(정치 노선, 경력, 개성)이 일치하는 콘셉트를 선정한다.

(2) 선거 슬로건

1) 선거 슬로건의 요건

선거 슬로건은 선거 콘셉트를 유권자들에게 효과적으로 기억하고 쉽게 압축적으로 표현한 것이다. 단순하고 명확한 언어와 짧은 문장으로 만드는 것이 보통이다. 후보의 강점을 부각하고 경쟁후보와 차별화하면서 선거 메시지를 핵심적으로 간결하게 만든다.

※ 선거 슬로건 선정 시 고려할 사항은 다음과 같다.

① 간결하고 단순해야 한다. 애매모호하지 않게 쉬운 단어로 간결하고 단순하게 만들어야 한다.

② 후보자 또는 표적유권자들과의 관련성이 있어야 하며 후보자의 특성에 부합되고 표적유권자들의 요구에 알맞은 문장을 선정해야 유권자의 지지를 얻을 수 있다.

③ 경쟁후보와의 차별성과 함께 독창성과 대중성을 고려해야 한다. 선거 슬로건은 독창적이 대중성이 있어 말하기 쉽고, 듣기 쉽고, 기억하기 쉬운 선거 슬로건이어야 한다.

④ 유사한 선거 콘셉트를 선정하더라도 경쟁후보와 완전히 다른 독창적인 표현을 하게 되면 유권자들이 호감을 보이거나 기억을 하게 된다.

2) 선거 슬로건의 종류

선거슬로건은 메인 슬로건과 네임 슬로건으로 분류할 수 있다. 메인 슬로건은 흔히 말하는 캐치프레이즈로 선거캠페인의 방향과 후보가 당선되어야 하는 이유를 제시한다.

네임 슬로건은 말 그대로 후보의 이름 앞에 사용하는 슬로건이다. 후보의 개인적 특성을 표현하거나 메인 슬로건을 반복 강조 또는 보완하는 역할을 한다(서경선 2012).

※ 선거 슬로건은 소재에 따라 몇 가지 종류로 나눌 수 있다.

① 현역과 신인의 경우 대개 '경험'과 '변화'를 슬로건의 핵심으로 삼는다. 신인의 경우 슬로건의 대부분이 '변화'에 집중한다. 유권자들이 현 정권이나 현역의원을 심판하려고 할 때 변화는 훌륭한 슬로건이다.

그러나 변화가 항상 좋은 것만은 아니다. 변화는 현역의원이 인기가 많을 경우 받아들여지지 않으며, 현역의원들이 다시 출마하는 경우에는 '경험'이 슬로건의 핵심이 된다.

② 인간적 특성을 활용하는 슬로건이 많이 활용된다. 후보의 개성이나 성격 등을 표현하는 슬로건이다. 정직, 청렴, 강인, 공정, 경륜 등의 용어들을 많이 사용한다. 그러나 후보나 상황에 맞지 않는 단지 공허한 미사어구는 좋지 못한 경과를 초래할 수 있다.

또한 후보 이름의 발음을 활용하는 것도 좋다. 특이한 성을 강조하거나 운율 있는 슬로건을 활용할 수 있다.

③ 일반 대중에게 호소하는 슬로건이 있다. 유권자와 연관시켜 호소하는
슬로건이다. 예를 들면 '서민의 대변자 000', '시민후보 000', '00의 자
부심 000' 등이다.

④ 지역에 대한 자부심을 이용하기도 한다. '부자 동네'인 서울의 강남에
서 사용된 '일등 강남 일등후보 000', 강원도의 환경과 관련된 '깨끗한
강원, 깨끗한 000' 등이다.

실전 선거전략

제4장

1. 선도후보전략

(1) 선도후보의 선거전략

선도후보는 선거에서 가장 큰 인지도 및 지지도를 가지고 있는 후보를 말한다. 이러한 선도후보는 선두를 고수하기 위한 선거캠페인 활동이 필요하다.

① 선거 규모가 일정할지라도 자신의 지지도를 확대시키기 위해 노력해야 한다.

② 좋은 방어 및 공격 행위를 통해 현재의 지지도를 유지해야 한다.

도전후보가 지지층을 확대하려고 노력하는 동안 선도후보는 끊임

없이 현재의 지지자들을 지켜야 한다.

선도후보는 어떤 전략으로 지지자를 지킬 수 있을까? 손자병법에 "공격하지 않는 적에 대해 의존하지 말고, 그 자신이 난공불락이라는 사실에 의존해야 한다."라는 말이 있다. 즉 가장 적극적인 대응 방법은 선도후보의 지속적인 변화와 지지층 결속이다.

선도후보는 이슈선점, 유권자에 대한 정보 강화, 이슈에 대한 효과적인 대응 방안 모색 등으로 선거를 선도해야 한다. 또한 자기 자신의 장점을 부각시키고 유권자와의 관계를 계속 증대시켜야 한다.

또한 상대를 공격할 때에도 주도권을 가지고 공격 속도를 조절하여야 한다(〈표 4-1 참조〉).

〈표 4-1〉 선도후보의 선거전략

선도후보	선거 초점	• 지지자 활성화 • 선도 지위 유지
	선거 목표	• 총 지지자 확대 • 기존 지지점유율 방어 • 신규 지지점유율 확대
	핵심 전략	• 부동층 확보: 부동층 전체의 수요를 완만하게 향상시키는 전략 • 이미지 구축: 확립된 후보자의 이미지를 지속적으로 구축·유지하는 전략 • 도전후보의 전략대응: 도전후보의 대응에 대한 전략을 추구함으로써 선도후보의 지지층, 이미지 및 인지도의 우위를 가지고 도전후보에 승리하는 전략
	선거 마케팅 믹스	• 후보전략: 정치성향 및 장점을 계속 제공한다. 또한 도전후보자에 대비하여 새로운 비전을 계속적으로 개발해야 한다. • 이미지전략: 대중 친화적 전략을 구사한다. 유권자가 도전후보에게 거부감을 느끼도록 대중 친화적 정책을 강구한다. • 매체전략: 기존 매체 채널을 이용함으로써 도전후보들의 매체접 근성을 사전에 봉쇄한다. 또한 매체 효율성을 제고하여 계속적으로 지지층 확대에 힘을 쓴다. • 촉진전략: 기존 이미지 및 인지도 유지를 위해 적절한 광고 및 홍보 프로모션을 한다.

선거캠프 25시

(2) 선도후보의 방어전략

선도후보는 〈그림 4-1〉과 같이 포지션방어, 측면방어, 선제방어, 역공격적 방어, 이동방어 및 축소방어 등의 방어전략을 이용할 수 있다.

〈그림 4-1〉 선도후보의 방어전략

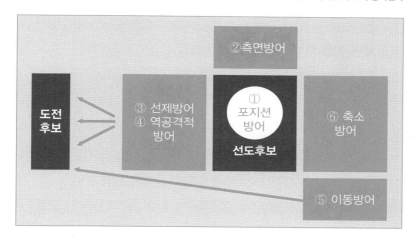

자료원: Philip, Kotler(2005), Marketing Management, 11th ed., NJ: Prentice-Hall.

1) 포지션방어

포지션방어(position defense)에는 탁월한 인지도 증대와 난공불락의 이미지를 만드는 것을 포함하는 것으로 유권자의 마음속에 가장 바람직한 포지션을 확보하는 것이다.

2) 측면방어

선도후보는 측면방어(flank defense)의 주도권을 가지고 도전후보의 측면공격을 효율적으로 방어할 수 있어야 한다. 선도후보의 약한 측면을 지키면서 필요 시 도전후보의 역공격을 위한 전략을 구축해야 한다.

3) 선제방어

선제방어(preemptive defense)는 도전후보가 선도후보를 공격하기 전에 도전후보를 먼저 공격하는 것이다.

선도후보는 여러 가지 방법으로 선제방어를 할 수 있다. 예컨대, 선도후보는 선거 전체에 걸쳐 도전후보들이 쓰러지도록 하기 위해 게릴라 활동 등을 말한다.

4) 역공격적 방어

역공격적 방어(counteroffensive defense)는 효과적인 반격으로 도전후보의 주요 영역을 침범하는 것이다. 즉 선도후보는 도전후보의 이슈 선점, 인지도 구축 방안 등 영역 침투를 방관해서는 안 된다.

선도후보는 도전후보의 공격에 대해 정면으로 맞서거나, 도전후보의 측면을 공격해야 한다. 즉 도전후보가 자신의 영역을 방어하기 위해 도전후보의 역량을 후퇴시키도록 하는 것이다.

5) 이동방어

이동방어(mobile defense)는 선도후보가 지지도 확장과 유권자 다각화를 통하여 새로운 부동층으로 확산해가는 것을 말한다.

지지층 확장은 선거의 초점을 현재 지지자에서부터 부동층으로의 이동하는 것을 내포하며, 또한 유권자 욕구에 관련되는 전반적인 선거 정책 및 이슈에 걸쳐 몰입을 통해 가능하다.

6) 축소방어

축소방어(contraction defense)는 선도후보가 모든 영역을 방어할 수 없게 되는 경우에 사용하는 최선의 방법으로 선거전략을 축소하고 약한 쪽을 포기하고 강한 위치에 자원을 재할당하는 것이다. 즉 선거에서 경쟁적 강점을 강화하고 주력 위치에 집중하는 것이다.

(3) 핵심성공요소

대부분의 선도후보는 강력한 지지자 및 높은 인지도를 가지고 있다. 선도후보는 총 지지자 확대, 지지점유율 방어 및 지지점유율 확대 확대를 목표로 해야 한다.

이러한 선거 목표를 달성하기 위한 핵심전략은 부동층 확대, 이미지 구축 및 도전후보의 전략에 대한 대응이다.

1) 부동층 확대

부동층 확대는 선거 전체의 지지를 완만하게 향상시키는 전략이다. 부동층은 당해 선거에 대해 관여도가 상대적으로 낮은 층이다. 이러한 저 관여, 저 지지층의 유권자는 인지도가 높은 후보를 선호하는 경우가 많다.

따라서 당해 선거의 지지를 확대시키는 경우 선도후보가 가장 큰 혜택을 입기 때문에 선도후보에 있어서 부동층 확대전략이 핵심이다.

그러나 새로이 획득한 부동층은 이슈나 지지자 철회 등의 행위를 할 경우가 종종 발생한다.

2) 이미지 구축

이미지 구축이란 후보 자신의 확립된 이미지를 계속적으로 구축하는 것으로서 선도후보가 특히 준수해야 될 정석이다. 이미지 구축을 지속적으로 하지 않으면 확립된 이미지가 저하될 가능성이 크기 때문이다.

이러한 이미지 구축전략을 통해 경쟁후보의 새로운 이슈나 공격을 피할 수 있다. 따라서 이미지 구축이 선도후보전략의 정석이 된다.

3) 도전후보의 전략에 대응

도전후보의 전략에 대응하는 전략을 추구함으로써 선도후보의 지지층, 이미지 및 인지도의 우위를 가지고 도전후보에 승리하는 것이다.

이는 선거자원이 풍부한 리더가 반드시 승리한다는 원칙에 입각하고 있다. 즉 선도후보가 지지도, 인지도 및 당선 가능성의 우위로 인해 도전후보에 승리할 수 있게 된다.

(4) 선도후보의 마케팅믹스

———

선도후보는 정치성향 및 장점을 계속 제공하고 또한 도전후보자에 대비하여 새로운 비전을 계속적으로 개발해야 한다. 또한 유권자가 도전후보에게 거부감을 느끼도록 대중 친화적 정책을 강구하여 구사하여야 한다.

기존 매체 채널을 선점함으로써 도전후보들의 매체 접근성을 사전에 봉쇄한다. 또한 매체효율성을 제고하여 계속적으로 지지층 확대에 힘을 쓴다. 초기 이미지 및 인지도 향상을 위해 광고 및 홍보 프로모션에 집중한다.

2. 도전후보전략

(1) 도전후보의 선거전략

인지도 및 지지도를 확보하기 위해 적극적으로 선도후보를 공격하는 후보를 도전후보라 한다. 도전후보는 우선 선거 목표를 명확히 해야 한다. 대부분의 도전후보의 중요한 선거 목표는 유권자 인지도 및 지지도를 증대시키는 것이다.

이러한 인지도 및 지지도를 증대하기 위해서 도전후보는 선도후보를 집중적으로 공격해야 한다. 이러한 공격을 위하여 선도후보에 비해 우수한 정책 및 공약을 개발하고 유권자에게 좋은 이미지를 구축해야 한다(〈표 4-2 참조〉).

도전후보	선거 초점	• 선도후보에 도전
	선거 목표	• 인지도 및 지지도 확대 • 선도후보 공격
	핵심 전략	• 차별화 전략: 다른 전략을 통하여 후보에 대한 경쟁적 우위를 확보함으로써 선 도후보와 차별화된 후보 이미지를 부각시킨다.
	선거 마케 팅 믹스	• 후보전략: 선도후보와 차별화된 특이한 후보의 이미지를 개발하여 시장에 제공 한다. 또한 다양한 공약(정책)을 제공하여 유권자에게 보다 많은 선택의 기회를 제공한다. • 이미지전략: 선도후보에 비해 많이 낮은 이미지를 발빠른 유세전략이나 소규모 집회 등으로 점진적인 지지층 확대를 꾀한다. • 매체전략: 선도후보가 사용하지 않는 새로운 매체를 활용하기도 하여야 한다. • 촉진전략: 집중적인 촉진전략을 수행한다. 광고와 홍보 및 유세를 증가하여 선 도후보를 공격하고 후보나 광고 메시지가 선도후보 보다 우수하다는 것을 강조 하는 전략을 수립한다.

(2) 도전후보의 공격전략

도전후보는 선도후보를 공격하는데 〈그림 4-2〉와 같이 다섯 가지 공격전략, 즉 정면공격, 측면공격, 포위공격, 우회공격 및 게릴라공격 등을 시도할 수 있다.

〈그림 4-2〉 도전후보의 공격전략

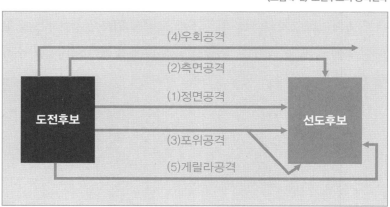

자료원: Philip, Kotler(2005), Marketing Management, 11th ed., NJ: Prentice-Hall.

1) 정면공격

정면공격(frontal attack)에서는 선도후보의 공약, 정책, 이슈, 광고, 홍보 등에 대응해야 한다. 선거에서는 인력 및 자원을 많이 가진 측이 승리한다.

상대방에게 광고 및 홍보와 같은 정면공격을 할 수 있는데 선도후보가 대응을 하지 않거나, 혹은 도전후보가 선도후보의 이미지나 지지도가 동일하다는 사실을 공격자에게 확신시킬 수 있으면 공격은 실행될 수 있다.

2) 측면공격

측면공격(flank attack)의 주요 원칙은 선도후보의 약점에 대항하여 도전후보의 강점을 집중하는 것이다.

측면공격은 두 가지 전략적 차원, 즉 지리적 그리고 세분화 차원에서 취해질 수 있다. 지리적 공격에서는 상대방의 낮은 지지를 얻고 있는 지역을 조준하고 또 다른 측면 공격은 노출된 유권자 욕구에 집중하는 것이다.

3) 포위공격

포위공격(encirclement attack)은 광범위하게 선도후보의 영토를 포획하려는 시도하며 여러 전선에 커다란 공격을 감행하는 것을 말한다.

포위공격은 도전후보가 선도후보보다 우월한 자원을 가지고 있고, 신속한 포위공격이 선도후보의 의지를 꺾을 수 있다고 믿을 때 전략적 의미가 있다.

4) 우회공격

우회공격(bypass attack)은 도전후보가 지속적으로 선거이슈를 개발해 공격함으로써 선도후보의 지위를 공격하는 것으로서 가장 간접적인 공격전략 중 하나이다.

예컨대 선도후보를 우회하여 도전후보가 더 쉬운 유권자, 즉 부동층을 공격하는 것이 이에 해당한다.

5) 게릴라공격

게릴라공격(guerilla attack)은 선도후보를 당황하게 하고 혼란시킬 목적으로 도전후보가 여러 부분에서 소규모로 또는 간헐적으로 공격하는 것이다.

(3) 핵심성공요소

도전후보는 선도후보의 인지도 및 지지도를 추격하는 것이 목표이므로, 선도후보와의 차별화로 인지도 및 지지도 확대를 추구해야 한다.

차별화전략의 포인트는 선도후보가 변화에 유연하게 적응하기 어려운 약점이 있기 때문에 후보의 특성이나 공약(정책)의 획기적인 차별화를 실시하여 유권자의 의식을 다양화하고 차별화된 인식을 자극해

가는 것이다.

여기서 중요한 것은 도전후보의 차별화는 모호한 후보 특성이나 공약 또는 정책 등과 같은 방법으로는 성공할 수 없다는 것이다.

어느 정도의 차별화만으로는 선도후보를 지지하는 유권자의 마음을 사로잡을 수 없다는 것이다. 도전후보가 후보 자체를 변화시키는 것처럼 차별화전략을 취할 필요성이 있다.

(4) 도전후보의 마케팅믹스

선도후보와 차별화된 도전후보의 이미지를 개발하여 유권자에게 제공한다. 다양한 공약과 정책을 제공하여 유권자에게 보다 많은 선택의 기회를 제공한다.

선도후보에 비해 낮은 인지도와 지지도를 발 빠른 유세전략이나 소규모 집회 등으로 점진적인 지지층 확대를 꾀한다.

선도후보와는 다른 새로운 채널을 개발한다. 전통시장뿐만 아니라 대형마트, 젊은층이 많은 거리, 온라인, SNS 등과 같은 새로운 장소나 매체 등을 개발한다.

집중적인 촉진전략을 수행한다. 광고와 홍보 및 유세를 증가하여 선도후보를 공격하고 후보 능력이 뛰어나다는 것을 촉진 등 광고 메시지를 통해 강조하는 전략을 수립한다.

3. 지지세력화 전략

전략의 기본은 후보자 자신의 지지세력을 확보하는 것이다. 지지세력화란 단순 지지를 적극적 지지로 이끌어 내는 작업이라 할 수 있다.

가까운 지인이나 모임의 멤버, 같이 일했던 동료, 동창, 동문 등 실로 많은 사람들과 관계를 맺어 오고 있으나 선거에 나가면 마음으로 지지와 성원을 보내나 적극적 지지를 이끌어 내는 데에는 어려움이 있다.

적극적 지지란 본인의 지지를 자기 주위 사람들에게 적극 홍보하고 여론을 이끌어 낼 수 있도록 유도하는 작업이다. 단순하게 도와달라고만 한다면 적극적 지지를 이끌어 낼 수 없다.

먼저 대중적 명성이 있거나 사회활동을 많이 하여 여론을 이끌어 나갈 수 있는 사람부터 후보가 직접 찾아가 후보의 출마 사유 및 당위성을 진정성 있게 설명하고 동의를 구해야 한다.

이런 분들은 지속적으로 접촉하여 선거전략에 관한 사항이나 홍보 방법까지 상세하게 설명해 주어야 비로소 적극 지지를 이끌어 낼 수 있다.

어느 정도 관계가 유지되면 주변의 좋은 사람들을 소개할 수 있도록 유도해야 하고 이렇게 소개하는 과정에서 소극적 지지를 적극적 지지로 바꿀 수 있다.

또한 시기적으로 늦게 부탁하게 되면 경쟁후보가 이미 선수를 치게 되어 적극적 지지를 이끌어 낼 수 없으므로 출마의 결심이 서면 지인과 그들의 소개를 통해 오피니언 리더들을 적극적으로 찾아 나서야 한다.

이렇게 관계가 형성되면 반드시 직책을 주고 선거정보를 수시로 전달해 주어 주변 사람들에게 후보의 강점을 논리적으로 설명할 수 있는 풍부한 자료를 제공하여 설명이 가능하도록 하여야 한다.

지역 현안이나 이슈사항 등은 사안별 내용을 정리하고 이를 요약하여 제공해 줌으로써 주변 사람들을 명쾌하게 설명해 줄 수 있도록 해주어야 한다.

이러한 적극적 지지자들을 세력화하여 정기적인 모임을 주선하고 서로 성공사례를 발표하게 하여 아이디어를 공유하고, 보다 대범하게 접근하여 후원을 유도해야 한다.

또한 다른 적극적 지지자들을 만들어 내는 작업을 같이 수행함으로써 여론을 선도하고 상대의 악의를 방어하는 가장 강력한 무기로 만들어 나가야 할 것이다.

지지세력화는 지역적 지지세력화, 인구통계적 지지세력화, 유권자 태도적 지지세력화로 구분된다.

(1) 지역적 지지세력화

지역적 지지세력 파악의 바탕은 유권자의 지지도이다. 이것은 전략적 사고의 중심으로 유권자의 투표행위는 일차적으로 후보자의 지지도나 정당지지도에 의하여 결정된다고 할 수 있다.

이러한 판단은 유권자의 과거 투표행태를 분석함으로써 얻을 수 있다. 선거구의 과거 투표행태를 분석하여 당해 선거구의 고유한 환경적 요소를 분석 대상으로 삼아야 한다.

일반적으로 선거구는 〈표 4-3〉이 보여주듯이 과거 선거를 기준으로 평균 지지율에 따른 선거구의 성격을 후보자 지지도에 따라 세 가지로 분류하여 보여준다.

〈표 4-3〉 후보자 지지도에 따른 선거구의 분류 사례

선거구의 종류	지지도
안전지역	30%(+)
부동지역	20 ~ 29%
열세지역	0 ~ 19%

자료원: 김창남(2007) "선거캠페인의 원리와 실행전략", 나남.

1) 안전지역

후보자의 지지도가 안정적으로 높은 지역이다. 이러한 지역에서의 선거캠페인의 기본적인 목표는 정상적인 득표를 산출해 내는 것이다. 과거와 같은 투표행태가 반복되기만 한다면 후보자가 승리할 수 있는 곳이므로 과거 후보자의 승리에 기여한 투표자가 다시 후보자를 지지하도록 마음을 움직이고 동기를 유발하는 데 총력을 기울인다.

안전지역에서의 선거캠페인은 기존세력의 태도와 행위를 강화하는 데 주력한다. 그러기 위해서는 후보자를 지지하는 유권자그룹의 여론, 태도, 행동에 부응하는 이슈, 언어 및 시각적인 요소를 사용한다.

안전지역에서의 후보자는 유권자들에게 항상 최선을 다하는 모습을 보임으로써 지지도를 유지하고 강화시킬 수 있으며, 기존의 지지기반을 강화하는 동시에 지지유권자가 투표에 꼭 참여하도록 해야 한다. 실제로 투표와 연결되지 않으면 아무 소용이 없기 때문이다.

안전지역에서의 선거캠페인의 순서는 다음과 같은 두 가지 방법으로 나눌 수 있다.

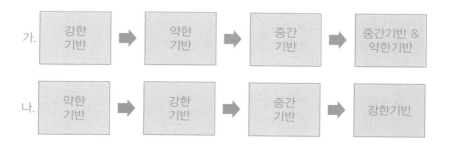

전 지역에서의 선거캠페인 순서는 당해 후보자가 승리하는데 필요한 지지를 이끌어 낼 가능성이 높은 지역들에 힘을 집중하는 것이다. 특히 선거캠페인의 마지막 단계에서는 언제나 강한 기반을 재점검하고 다지는 것이 중요하다.

2) 부동지역

부동지역에서 선거캠페인 목표는 후보자의 전통적인 지지기반에서 득표를 획득하면서 다른 한편으로는 승리에 필요한 제한된 부동표를 흡수하는 것이다.

부동지역에서 선거캠페인의 어려움은 후보자의 지지기반을 유지하고 강화하는 동시에 승리에 필요한 일부 부동층 유권자가 후보자의 지지자로 변화하도록 유인해야 한다는 점이다.

부동층 유권자를 지지자로 변화시키는 작업은 부동지역의 선거캠페인이 당면한 가장 중요한 과제이다. 그러나 현실적으로 유권자의 태도나 행위를 바꾼다는 것은 결코 쉬운 일이 아니다.

또한 선거캠페인이란 일반적으로 유권자의 마음을 전면적으로 바꾸기 위한 것은 아니다. 왜냐하면 유권자의 태도나 행동은 변화하기 어렵고 설령 바뀐다고 해도 시간과 자원이 많이 소모되기 때문이다.

따라서 부동지역에서는 무엇보다도 후보자를 지지하거나 지지할 가능성이 높은 유권자의 태도와 행위를 유지하고 강화시키는 작업을 우선적으로 행하고 부동층 유권자를 공략하는 것이 일반적이다.

부동지역에서의 선거캠페인은 지지기반에서의 정상적 득표 산출과 제한된 양으로 부동층 확보하는 것이다. 후보는 온건한 부동지역만을 공략할 것인가 아니면 전체 부동지역을 공략할 것인가를 판단해야 한다.

선거구를 안전지역으로 판단할 수 없지만 지지기반이 비교적 단단하여 제한된 양의 부동층만 확보해도 승리할 수 있다고 판단된다면 온건한 부동지역만을 공략하는 것이 선거자원을 불필요하게 소모시키지 않는 길이다.

3) 열세지역

후보자가 열세인 선거구를 말한다. 그렇지만 이러한 열세지역에서도 득표를 할 수 있는 노력을 기울여야 한다. 비록 제한적이지만 후보자의 지지기반을 유지하고 강화시켜야 한다.

우선, 부동층 유권자를 최대한 흡수한다. 그러기 위해서는 부동층의 태도와 행위를 변화시켜야 한다. 경쟁후보자를 지지할 가능성이 높은 유권자의 태도를 중화시켜야 한다.

유권자의 태도를 중화시킨다는 것은 경쟁후보자로부터 지지자를 분리시킬 수 있는 약점을 찾아 후보자가 명확히 차별화하거나 경쟁후보에게 공격을 감행함으로써 경쟁후보의 지지자들이 지지행위를 철회하는 것이다.

지지를 철회한 유권자는 투표에 참여하지 않거나 비록 극소수라도 후보자의 지지자로 흡수될 수 있다.

열세지역은 대단히 복합적인 캠페인을 벌여야 한다. 열세지역에서 승리하려면 고도의 복합적인 전략과 전술을 시행하여야 한다.

지지 기반 지역에서는 정상적인 득표를 산출하고, 최대한 부동층을 확보하며, 상대편 지지자를 중화시키거나 후보자의 지지자로 확보해야 한다.

(2) 인구통계적 지지세력화

인구통계적 지지세력 확보는 선거구의 유권자 전체를 거시적으로 보는 것이다. 성별, 연령, 이념, 종교, 직업, 학력, 소득수준, 출신지역, 취미 등 인구통계적 특성에 따라 지지세력을 확보하는 것이다.

선거전략에서 유권자 세대별 특성을 파악하는 것이 매우 중요하다. 선거전략에서 모든 유권자를 잠재적인 목표로 삼아야 하지만, 구체적인 득표전략은 일정한 계층을 집중 공략하는 것이 효과가 있기 때문이다.

1) 20~30대 유권자

20~30대 유권자들은 현실적이고 개혁적인 성향을 띠고 기성세대의 가치관에 비해 급진적이다. 또한 이념적이고 후보자의 정책과 공약에 집중한다.

이것은 젊은층이 갖는 특성이며 또한 사회의 발전과 변혁을 위한 원동력이기도 하다. 젊은층은 자기만의 가치관을 추구하고 새로운 변혁을 시도한다.

급진적이고 개혁적인 젊은 유권자의 일반적 성향은 기존의 정치인을 불신하고 새로운 후보자를 지지하는 경향이 강하다. 그들의 급진적이고 개혁적인 성향은 투표 형태에도 그대로 반영되고 있다.

후보자는 젊은층의 욕구와 정치적 입장을 잘 파악하여 이에 적극적인 대응책을 강구해야 한다. 선거운동의 주요 표적이 부동층이라 할 때, 부동층 중에서도 젊은층을 향한 나름대로의 적극적인 공략방법은 아주 중요한 의미를 지닌다.

이들은 청년실업, 주거문제, 학자금문제 등 사회·경제적 곤경과 경쟁 위주 사회에 대한 거부감이 강한 특성이 있다.

2) 40대 유권자

선거에서 40대 유권자의 역할은 매우 커지고 있다. 진보적인 성향이 보이는 20~30대와 보수적인 성향을 보이는 50~60대 이상 유권자의 사이에서 선거 때마다 중요한 캐스팅보드를 쥐고 있는 계층이라고 할 수 있다.

이들은 사회 양극화의 골이 깊어지면서 야당 성향의 투표를 할 가능성이 높지만 후보에 대한 도덕성과 안전성도 중요시하므로 보수적인 성향도 동시에 가지고 있다.

40대는 주로 학생 자녀를 둔 학부모이자 70세 이상의 부모를 모시는 세대로 지역의 육아, 교육, 주택, 건강, 노후문제에 관심이 많다.

3) 50~60대 유권자

50~60대 유권자는 산업화시대의 주요 수혜 계층이다. 60~70년대에 학교를 다니고 경제활동을 시작하면서 실질적으로 성장을 경험한 세대이고 본인들이 산업화시대의 수혜자다.

이들은 선거에서 절대적인 힘을 지닌 가장 많은 유권자가 분포하고 있는 세대이기도 하다. 이들의 지지를 얻지 못한다면 선거에서의 승리는 장담할 수가 없다.

이들은 안정 속의 변화와 실현 가능한 정책, 높은 삶의 질을 선호하는 한편, 가정과 국가의 가치를 중시하는 특징을 갖고 있다.

특히 이들은 자녀들의 대학 교육, 취업과 자신들의 노후 대비에 관심을 많이 갖고 있기 때문에 개혁을 바라더라도 예측 가능한 정치

를 추구한다. 때문에 후보자는 합리적 중도 성향의 50~60대를 공략
할 수 있는 정책개발이 필요하다.

(3) 유권자 태도적 지지세력화

유권자의 태도적 측면으로 지지세력을 확보할 수 있다. 태도적 측
면에서 지지세력을 확보하기 위해서는 후보자의 강·약점, 선거이슈,
선거환경, 지역 현안 등에 대한 치밀하고 과학적인 조사가 필요하다.

태도적 지지세력화는 먼저 이슈를 선점하는 것이 중요하다. 이슈
선점을 위해서는 선거구의 투표자가 가장 중요하다고 인식하는 국가
적 또는 지역적 이슈에 대하여 다른 경쟁후보 보다 먼저 분명하고 일
관성 있게 올바른 입장을 제시하여야 한다.

아울러 자기가 제시한 이슈가 유권자들에게 인식되고 타 후보에
의해 탈색되지 않기 위해서 계속적이고 반복적인 제기하되 너무 많은
이슈를 제기하는 것은 바람직하지 않다.

또한 후보자의 긍정적 이미지를 형성하여 전파하도록 해야 한다.
후보자의 이미지는 중요한 메시지 설득 커뮤니케이션의 하나로 후보
자의 긍정적 이미지를 형성하고, 경쟁후보자와 이미지를 차별화시키
는 것이 중요하다.

자신에게 불리하다고 판단 되는 이슈는 가급적 먼저 꺼낼 필요가 없

다. 그러나 상대후보로부터 이슈가 제기되면 이를 희석시키고 약점을
보완해서 이슈화되는 것을 방지할 수 있도록 미리 준비하여야 한다.

(4) 지지세력화 방안

지지세력을 확보하는 방안은 다음과 같다.

① 전통적 지지 기반이라고 해서 소홀해서는 안 된다. 지지자 또는 잠재
적 지지자라고 해도 그들의 태도와 행위를 유지 및 강화하도록 동기
를 부여하여 확실한 지지 기반으로 연결시켜야 한다.

② 어떤 지역이든 지지기반 다지기가 최우선과제이다. 선거캠페인에서
상대방 지지자들의 태도와 행위를 변화시키려고 많은 자원을 소모하
는 것보다 후보자의 지지자나 잠재적 지지자들의 득표를 공고히 하
는 것이 최우선 과제이다.

③ 다양한 지지세력을 구축해야 한다. 좋은 전략이 되기 위해서는 후보
자의 지지세력이 어디에 있는지 구체적으로 파악해야 하며, 단일 선
거구 내에서 다양한 지지세력을 형성해야 한다. 그래야 선거승리 가
능성을 극대화할 수 있다.

④ 좋은 정보가 좋은 선거전략을 낳는다. 정보를 유효적절하게 사용하는
후보자가 선거환경을 자신의 것으로 유리하게 정의할 수 있다.

즉 좋은 정보가 강력한 후보자를 만드는 것이며, 좋은 정보는 주

즉 좋은 정보가 강력한 후보자를 만드는 것이며, 좋은 정보는 주기적이고 다양한 설문조사 등을 통한 추세로 만들어진다. 이를 바탕으로 선거캠페인 전략가들은 올바른 전략적인 판단을 내릴 수 있다.

⑤

⑤ 선거전략은 선거캠페인이 본격적으로 전개되기 직전에 급조되어서는 안 되며, 충분한 시간과 노력을 들여 만들어야 한다. 또한 올바른 자원 배분과 의사결정을 바탕으로 다양한 요소가 유기적으로 결합되어야 효과적인 설득 커뮤니케이션이 이루어질 수 있다.

⑥ 실행 가능한 것이어야 한다. 아무리 훌륭한 선거전략을 세워도 그것을 현장에서 구체적으로 실행하는 전술과 부합하지 않는다면 선거에서 승리할 수 없기 때문이다.

4. 바이럴마케팅전략

미국마케팅학회(AMA, American Marketing Association)의 정의에 따르면 바이럴마케팅(viral marketing)은 사람들이 마케팅 메시지를 퍼트리는 것을 촉진하는 마케팅 현상이라 정의하고 있다.

바이럴은 많은 사람들이 메시지에 노출되는 현상이 사람들 사이에 바이러스가 전파되는 것과 닮았기 때문에 붙인 이름이라고 한다.

바이럴과 유사한 용어로 구전(WOM, word-of-mouth)이 있는데, 미국마케팅학회에서는 구전을 사람들이 제품이나 프로모션에 대한 정보

를 소비자, 친구, 동료, 지인 등과 공유하는 것이라고 정의하고 있다.

바이럴마케팅은 구전 마케팅과 일맥상통하지만 전파하는 방식이 다르다. 구전 마케팅은 정보 제공자를 중심으로 메시지가 퍼져 나가지만 바이럴마케팅은 정보 수용자를 중심으로 퍼져간다.

따라서 바이럴마케팅은 지지자를 중심으로 한 정보 수용자를 많이 확보하는 것이 중요하며 이들이 사용하는 SNS를 통해서 정보를 확산하는 체계를 갖추는 것을 말한다.

구전 마케팅에 비해 바이럴마케팅이 스마트폰과 SNS가 발달된 현대사회에서 그 확산 속도가 엄청 빠르고 쉽게 전파될 수 있는 장점이 있어 바이럴마케팅에 대한 관심이 급격하게 증가되고 있으며 이를 잘 활용하는 후보는 그렇지 못한 후보에 비해 상대적 우위를 점할 수 있다.

미국의 오바마 대통령의 당선이나 우리나라 노무현 대통령을 시작으로 이번 문재인 대통령의 탄생이 바이럴마케팅의 위력을 증명해 주는 좋은 사례라 할 수 있다.

정보가 생성되면 사진이나 동영상이 자료설명과 함께 언론에 배포된다고 하면 여기서 끝나는 것이 아니라 이를 확산시켜야 할 것이다.

확산의 방향은 지지자들의 지인들을 통한 확산과 일반 대중을 통한 확산의 두 가지 측면에서 고려 되어야 한다.

(1) 지지자를 위한 SNS 마케팅

지지자들을 통한 마케팅은 후보자의 현재 활동사항과 주요 이슈에 대한 기사나 사진, 동영상을 상황에 맞게 빠르게 전파하는데 핵심이 있다.

지지자들은 이를 숙지하게 하고 주변 사람들에게 전파할 핵심키워드를 만들어 지속적으로 노출함으로 인지도를 높여 결국 지지자로 만들고 그 콘텐츠를 본인의 SNS 계정을 통해 계속 전파하게 하는 과정의 연속이다.

이 내용들을 인터넷 홈페이지나 블로그, 카페 등에 올리고 동영상은 유튜브에 올리게 된다. 이렇게 만들어진 자료의 링크는 메일이나 문자 혹은 카톡을 통하여 전달되기도 하지만 본격적으로 SNS를 통한 바이럴마케팅으로 이를 확산시켜야 할 것이다.

먼저 지지자들이 모여있는 밴드나 카카오그룹 등 폐쇄물을 통하여 지지자들에게 확산하고 지지자들은 본인이 제일 활성화되고 있는 페이스북, 카카오스토리, 트위터, 인스타그램, 빙글, 핀터레이스, 링크드인, 비트윈, 폴라, 어라운드 등 성격에 맞게 선택하여 올리도록 한다.

또한 각 지지자들은 자기 주변인들을 최대한 친구 또는 지인으로 등록하여 정보를 확산시키는 체제를 갖춘다면 강력한 마케팅 수단이 될 것이다.

(2) 일반 대중을 위한 SNS 마케팅

먼저 기본적으로 마케팅 채널에 맞는 콘텐츠를 구성하는 것이다. 콘텐츠 구성은 사안에 맞게 후보의 장점을 부각하고 유권자에게 쉽게 접근할 수 있는 자극적인 타이틀이나 만화 등의 방법으로 클릭 수를 늘리는 방법을 유도하여야 한다.

일반 대중을 통한 확산은 그 콘텐츠의 작성이 얼마만큼 유권자에게 다가갈 수 있느냐에 달려있으며 클릭 수나 좋아요, 댓글, 공유가 많을수록 일반인들에게 노출이 잘되므로 기사 및 지지자들로부터 이를 확산할 수 있도록 지지자 마케팅을 병행하여야 한다.

한 개의 잘 만들어진 동영상만으로도 큰 효과를 만들어 낼 수 있는데 상대 후보의 비방은 오히려 역공을 당할 수 있으므로 삼가는 것이 좋고, 자기 후보의 업적이나 장점을 강조하고 미래의 모습을 보여주는 데 주력해야 한다.

지금의 추세는 유튜브와 인스타그램이 대세를 이끌고 있으므로 그 추세에 맞춰 영상을 찍고 편집을 통해 소리 없는 상태에서도 유권자가 알아볼 수 있도록 자막을 넣고 영상을 업로드한 다음에도 그 영상이 어디 있는지 알리는 과정이 필요하다.

유튜브에 영상을 올리면 그 링크를 일반 SNS를 통해 영상을 확산시키는 채널은 메신저가 될 것이다. 콘텐츠 생성채널은 유튜브, 소통

채널은 카톡플친 검색노출채널은 네이버 블로그, 공유채널은 페이스북과 인스타그램이 일반적이다.

5. 데이터 활용전략

선거를 위한 유권자 데이터를 확보하는 것은 무엇보다도 중요한 일이다. 선거는 유권자를 어떻게 분류하고 효과적으로 대응하는가에 승패가 달려있다고 해도 과언이 아니기 때문이다.

먼저 데이터는 최근 선거를 했던 팀에서 얻는 것이 가장 손쉬운 일이나 그밖에 개인적인 모임이나 단체 소속회원 명단으로부터 수집하거나 지지자 및 자원봉사자들의 데이터를 모아 정보를 수집할 수 있다.

수집된 데이터는 DB로 관리하여 목표 유권자의 조건에 맞게 분류하여 사용함으로 효과적인 선거운동이 가능해지는 것이다.

데이터는 단순하게 이름과 전화번호만으로 만족하지 말고 성별, 연령대, 거주지역, 직업, 교육수준, 생활수준, 자녀 등 가능한 최대 많은 정보를 수집하는 것이 유권자분석에 유리하고 홍보나 여론조사 등에도 효과적으로 사용될 수 있을 것이다.

이렇게 분류된 데이터는 유권자의 분류에 따른 다른 차원의 마케팅을 구사할 수 있다.

직업군으로 분류된 경우 그 직업 또는 직장인을 대상으로 문자나 전화를 통하여 유권자의 마음을 사로잡는 이슈를 만들어 마케팅을 구사할 수 있고 지역별 또는 연령이나 학력별로 혹은 생활수준별로 그에 맞는 적합한 문구를 만들어 보낼 수 있고 전화홍보에도 유효하게 활용될 수 있을 것이다.

유권자 데이터를 분류할 수 있다면 선거에는 유리한 고지를 점유했다고 할 수 있을 것이다. 그만큼 데이터 확보가 어렵고 더구나 단순 데이터가 아닌 유권자의 다른 정보까지 담아낼 수 있다는 것은 많은 노력과 비용이 드는 일일 것이다.

오랫동안 선거를 준비해야 하는 이유도 여기에 있으며 지방선거일수록 이러한 데이터가 더욱 유효하게 활용될 수 있다.

6. 각종 행사 활용전략

(1) 개소식 및 발대식

개소식 및 발대식을 실행하는 것은 선거캠페인을 효과적으로 전개하는 좋은 수단이다. 기본적으로 개소식 및 발대식은 선거캠페인 내부행사이면서 대외적인 홍보의 성격도 포함되므로 올바른 방법으로 사용하면 효과적인 유권자 접촉 수단이 된다.

효과적인 선거캠페인을 위해 개소식 및 발대식의 의미를 제대로 알고 실행하는 것이 중요하다. 개소식 및 발대식은 상황에 따라 적절한 규모로 진행하며 내부의 단합과 사기 앙양을 위해 선거활동을 독려하는 역할을 하기도 하고 대외적인 홍보 및 PR의 역할을 하기도 한다.

일상적인 개소식 및 발대식은 후보자의 가족, 친지, 친구 등을 비롯하여 참모, 선거조직원, 선거사무소 주변 상가 등의 유권자 등을 참여시킨다.

개소식은 선거사무소의 개소를 대외적으로 알리는 활동으로 내부조직의 결속을 강화하고 대외적인 홍보와 언론 노출을 극대화하기 위한 행사이다.

발대식은 조직의 구성이 완료되고 본격적인 선거활동의 출발을 알리는 신호로 내부조직의 적극적인 지지와 단합을 만들어 내는 내부결속용으로 활용하며 대외적인 홍보 효과도 겸하게 된다.

발대식을 위해서는 먼저 확성기 시설이 장착된 유세 차량을 선거사무소 앞에 정차시키고 약 10분 이내 정도 짧은 연설을 실시한다. 특히, 당면한 이슈에 대한 언급을 통해 유권자들의 호기심을 자극하고 선거캠페인 활동을 독려하는 구호를 외치는 것이 좋다.

개소식 및 발대식은 거리 유세와 마찬가지로 정치 후보자의 기호나 이름을 언급하는 것도 좋다. 이러한 개소식 및 발대식은 짧은 시간에 이루어지도록 하고 선거운동원의 사기 앙양과 유권자에게 선거 메시지 커뮤니케이션을 하는 매우 좋은 효과를 얻을 수도 있다.

개소식 및 발대식은 중간층의 유권자들에 영향을 줄 수 있으므로 후보자가 가지고 있는 인적, 물적, 사회적 자원을 총동원하여 세를 과시하는 것이 매우 중요하다.

(2) 각종 지역행사 및 이벤트

후보자는 인지도와 긍정적 이미지를 제고하기 위하여 각종 지역행사나 범국민적, 범사회적 캠페인을 적극 활용한다. 이것은 사전 선거운동의 위험부담을 덜고, 비교적 단기간에 인지도와 긍정적 이미지를 제고할 수 있다는 강점이 있다.

1) 범국민적, 범사회적 캠페인의 예

범국민적, 범사회적 캠페인과 지역봉사활동은 후보자의 인지도를 향상시키고 좋은 이미지를 구축하는 좋은 방법이 될 수 있다. 이와 함께 각종 국가적 · 지역적 이슈가 될 수 있다면 후보자에 대한 인지도가 전반적으로 미약한 유권자 사이에서 직접적으로 활용할 수 있는 방법이다.

새마을운동, 올림픽 · 월드컵유치운동, 밝은사회운동, 한강물살리기운동, 에너지절약운동, 사랑의 집짓기운동, 새천년운동, 한줄서기운동, 금모으기캠페인, 달러모으기캠페인, 사랑의 헌혈캠페인, 신용사회운동, 교통질서캠페인, 사람의 도시기증캠페인, 금연캠페인, 아동학대예방캠페인, 산불예방캠페인 등이 이에 해당한다.

범국민적, 범사회적 캠페인이 없는 경우에는 예비후보자는 스스로 시민들의 관심을 불러일으킬 수 있는 범국민적 · 범사회적 이슈거리를 창출하는 지혜가 있어야 한다. 그러기 위해서는 항상 언론에 보도되는 이슈와 정보에 관심을 기울여 신선한 아이디어를 이끌어 내도록 연구하여야 한다.

범국민적, 범사회적 캠페인 참여가 인지도와 좋은 이미지를 제고하는 데 속전속결로 도움을 받을 수 있는 것이라면 지역봉사활동은 잠재적 후보자가 지역에 대한 비교적 장기간의 기여와 봉사를 통해 지역구를 관리하고 인지도와 긍정적 이미지를 구축할 수 있는 방법이다.

물론 지역봉사활동도 각종 범국민적 · 범사회적 캠페인의 일환으로 전개할 수 있다. 지역봉사활동은 사회와 지역에 도움이 되는 봉사활동을 통해 인지도를 제고하고 좋은 이미지를 구축하는 것이므로 기본적으로 공직선거법에 저촉되지 않는 특성이 있다.

지역봉사활동은 지역에서 기여도를 높임으로써 인지도와 좋은 이미지를 제고할 수 있는 훌륭한 방법이다. 또한 후보자 주변뿐만 아니라 일반 지역 유권자를 배후 지지세력으로 견인하는데 유리하게 사용할 수 있다.

각종 이슈 중에서 특히 지역적 이슈는 지역주민들의 민원과 직 ·

간접적으로 연계되어 있다. 따라서 지역적 이슈와 함께 동전의 양면을 이루는 각종 민원문제에 대해 잠재적 후보자가 어떤 입장을 갖고, 어떤 활동을 하느냐는 선거캠페인에 큰 영향을 미칠 수 있는 것이다.

2) 이슈 또는 민원문제의 예시

농지, 임야, 하천, 호수, 바다 등에 환경문제를 일으키는 골프장, 축산농장, 공해산업시설(피혁공장, 화학공장, 식품공장 등), 쓰레기매립장, 발전소, 복합쇼핑센터 등이 이에 해당한다.

정치행사를 효과적으로 활용하기 위해서는 먼저 행사 당일을 전·후로 각각 일정한 기간을 행사주간으로 설정하여 치밀하게 홍보계획을 세우는 것이 좋다. 또한 전체 선거캠페인의 큰 틀 안에서 일정을 역산하여 단계적이고 유기적인 계획의 일환으로 정치행사 시기를 잡아야 한다.

정치행사의 세부계획은 지역의 행사 또는 주민의 생활과 직접적으로 연계된 절기 및 분위기를 찾아 의미 있고 조화로운 이벤트를 창조하는 지혜가 필요하다.

3) 각종 이벤트성 행사의 예시

자원봉사자축제, 마라톤대회, 등산대회, 각종 민속놀이 대회, 지방사투리경연, 풍물놀이공연, 퀴즈대회, 경로잔치, 학술세미나, 주부백일장, 바자회, 일일찻집, 벼룩시장, 먹거리장터 운영, 출판기념회, 지역특산물전, 버스투어, 전통음식경연대회, 사랑의 김장 담그기, 각종 미인대회, 미래의 숲 가꾸기 등이 이에 해당한다.

7. 위기관리

선거의 위기란 예측하지 못한 상태에서 발생하는 선거 당선을 위협하고 선거캠페인을 붕괴시키고 선거의 존재 가치를 위협하는 사건이며, 잘못 대처할 경우 선거에 부정적인 영향을 미칠 수 있는 중대한 위협이라고 할 수 있다.

위기는 하나의 위기만 독자적으로 발생하지 않는다. 하나의 근원적인 위기가 발생하고 이에 대해 정확하게 대처하지 않을 경우에는 더욱 심각한 위기가 닥쳐 복합적인 위기상황으로 확대되게 된다.

위기관리는 위기에 대하여 체계적으로 대응하는 조직 활동으로서 선거에 부정적 결과가 일어나는 것을 예방하고 효율적으로 해결하기 위한 계획을 세우고 대처하는 것이라고 할 수 있다.

(1) 위기관리 커뮤니케이션

선거캠페인에서 위기가 발생할 경우 위기 진단을 통해 많은 유형의 위기를 선거캠페인에 맞게 분류한 후 유형화된 위기별로 구체적인 위기관리전략을 수립해야 한다.

1) 위기관리 매뉴얼

위기관리 매뉴얼은 위기해결 방법을 체계적으로 사전에 정해놓은 것이라고 할 수 있다.

발생할 수 있는 다양한 위기에 대해서 사전에 모든 과정을 검토하고 어떤 위기가 발생하였을 때에는 어떻게 대처할 것인가를 미리 매뉴얼화하여 전체 선거조직원들이 숙지하고 일관되게 행동할 수 있도록 만드는 것이다.

위기는 경중을 떠나서 아무리 사소한 위기가 발생하더라도 잠재적으로 큰 위기상황을 가져올 수 있기 때문에 이를 효과적으로 해결하기 위해서는 매뉴얼에 따른 효율적인 시스템을 구축해야 한다.

각각의 위기상황과 선거캠페인의 조건하에서 해결할 수 있는 최선의 방법들을 미리 준비하는 것이 매우 중요하다고 하겠다.

2) 위기관리 커뮤니케이션전략

위기관리 커뮤니케이션전략 〈그림 4-3〉 참조

① 공격전략: 위기에 직접적으로 맞서는 전략을 말한다. 선거캠페인을 비난하는 사람들을 상대로 법적 소송도 불사하겠다며 위협하는 식의 대응하는 것을 지칭한다.

② 부인전략: 위기가 존재하지 않는다고 주장하는 전략을 말한다. 위기

가 존재하지 않는다는 이유를 설명하는 행동이 동반된다.

③ 변명전략 : 위기에 대한 선거캠페인의 책임을 최소화하려는 전략을
말한다. 선거캠페인이 위기를 유발한 사건에 대한 통제력이 전혀 없
다고 주장하거나 부정적 결과에 대한 선거캠페인의 의도성을 부인하
는 방법을 사용한다.

④ 합리화 전략: 위기로 인하여 발생된 피해가 대수롭지 않다는 인식을
형성하기 위한 전략을 지칭한다. 심각한 피해가 존재하지 않는다고
말하고 주장하는 방법을 사용한다.

⑤ 환심사기전략: 칭찬하거나 조직의 과거 선행을 상기시키는 방법을
사용한다.

⑥ 시정조치전략: 위기로 인한 피해를 회복하기 위한 방법을 찾거나 위
기 재발 방지를 위한 조치를 취하는 방법을 사용한다.

⑦ 사과전략: 위기에 대한 전적인 책임을 지며 위기에 대한 용서를 구하
는 방법을 사용한다. 위와 같은 위기관리 전략은 방어전략과 수용전
략의 연속선 상에서 나타낼 수 있다.

공격전략과 부인전략은 방어전략에 가깝고, 시정조치와 사과전략
은 수용전략에 가깝다.

자료원:W. T. Coombs(1999), Ongoing Crisis Communication: Planning, Managing, and

Responding, Sage Publications, Inc.

(2) 위기관리 과정

1) 언론본부 설치

위기상황에 대응하는 가장 중요한 곳은 언론본부이다. 위기관리의 특성이 가장 큰 것은 언론의 보도이다. 언론은 위기 내용을 확산시키기도 하지만, 위기를 진정시키는 역할도 한다. 언론에 대한 대답은 항상 빠르고, 일관성 있게 해야 한다.

이런 두 가지를 충족시키는 것이 언론본부이다. 언론본부는 언론에 위기상황을 해명하는 중심지로의 기능과 선거홍보 부분의 대외 창구로서의 기능을 갖게 된다.

※ 언론본부의 설치와 운영의 요령은 다음과 같다.

① 언론본부에는 전화기와 팩시밀리, 그리고 원고를 쓸 수 있는 컴퓨터와 노트북 등을 둔다.

② 선거운동원들에게 미리 언론본부의 위치를 숙지시켜 기자들이 찾아
오면 곧 이곳으로 안내할 수 있어야 한다.

③ 언론본부를 비워두지 말아야 하며, 최소한의 선거운동원이 상주하여
계속적인 업무가 되도록 해야 한다.

④ 언론본부를 설치할 수 없는 경우에는 전화로 반드시 1개 또는 2개의
전용 라인을 지정해야 한다. 그리하여 언론사로부터 걸려오는 전화
를 한곳으로 모아야 한다. 또한, 반드시 전화를 건 사람의 이름과 전
화번호를 기록해 둔다.

2) 성명서 준비

긴급 상황이 발생할 때 매체에 제공할 성명서를 준비한다. 대변인
은 후보와 상의한 후 긴급 상황에 대해 밝힐 만한 사실에 관하여 간략
한 성명서를 준비해야 한다.

3) 매체와의 직접 접촉

기자와 전화로 얘기하거나 일대일 면담을 할 때 기자를 정중히 대
해야 하며 가능한 한 협조를 해야 한다. 또한 선거캠페인 영역 밖에서
의 취재활동을 하는 기자들에 대해서는 어떠한 방법으로도 방해해서
는 안 된다.

4) 사실 수집

후보는 언론매체가 어떤 종류의 정보를 원하는지 파악하는 일이

중요하다. 다음과 같은 정보는 논의 대상이 되어서는 안 된다.

① 위기 원인에 대해 추측하지 말 것
② 위기를 돈으로 계산하지 말 것
③ 잘못을 어느 누구의 것으로 돌리지 말 것

또한 후보자의 허가를 얻은 후 다음과 같은 정보를 매체에 제공해야 한다.

① 위기상황 제거에 취해진 노력에 대한 상세한 설명
② 위험하거나 유동성이 있는 상황에 관한 설명

5) 선거운동원을 위한 커뮤니케이션

후보자는 위기상황에 대처하는 제일선에 선거운동원들이 있다는 점을 중요시해야 한다. 유권자들이 선거운동원들에게 위기상황에 대해 묻고, 또 선거운동원들의 태도에 따라 위기상황의 심각성 등을 파악해야 한다.

선거운동원들의 위기상황에 대한 커뮤니케이션을 할 수 있는 즉각적인 채널로 메모, 컴퓨터, 전화 등이 있다. 이런 채널을 통해 선거운동원들이 위기관리에 참여하고 있다는 인식도 심어주어야 한다.

선거운동원들이 선거캠페인에 대해 갖는 불안감을 줄여주고 흑색선전을 통제하기 위하여 선거운동원들에게 언론매체에 제공되었던 동일한 정보를 간략하고 직접적으로 제공해야 한다.

(3) 흑색선전 관리

———

흑색선전이 유포되면 확산을 멈추기가 매우 어려운 만큼 유권자에게 즉각적이고도 정확하게 알리는 한편 쌍방향 커뮤니케이션을 수행하여 흑색선전에 대한 관심을 줄이거나 정확한 진상이 신속하고 광범위하게 전파되어야 한다.

> ※ 흑색선전의 퇴치전략은 다음과 같다.

① 흑색선전의 심각성과 영향분석하여 영향이 미비할 경우 때로는 무시하는 전략

② 원인, 동기, 출처와 전파자를 분석하여 흑색선전의 영향을 받은 사람들과의 대화를 통해 흑색선전 퇴치 관심과 태도를 확신시키는 전략

③ 문제에 대한 충분하고 진실성 있는 정보를 즉각 제공하는 전략

④ 흑색선전 생산, 확대를 분석하여 제기된 흑색선전 이슈 분산방안을 개발하는 전략

제2부

선거조직과 역할

제5장

선거대책위원회

선거조직은 보통 선거대책위원회(선대위)를 구성하는 것을 말하는데 작은 선거에서는 이렇게 복잡한 조직을 만들 수 없지만 작은 선거라 해서 역할이 줄어드는 것은 아니므로 일인다역을 맡아야 한다.

1 선거대책위원회의 구성

선거대책위원회를 구성하는 것은 장기 포석을 정하는 것으로 어떤 사람들로 선대위를 구성하는가 혹은 선대위원장이 누가 되는가 하는 것이 선거에 매우 중요한 영향을 미친다.

선거캠프를 어떻게 잘 조율하고 선대위가 잘 꾸며졌을 때 선거운동이 효율적으로 진행될 수 있고 선거에 이길 수 있는 초석이 만들어질 것이다.

선거에는 사심을 갖은 일명 선거꾼이라는 사람들이 많이 몰려오기 마련이다. 캠프구성원에 평판이 안 좋은 사람들이 다수 포함되어 있으면 후보의 이미지가 나빠지고 선거가 효율적으로 진행될 수 없고 승리도 장담할 수 없다.

조직 구성과 역할의 예시는 〈표 5-1〉과 같다

〈표 5-1〉 조직 구성과 역할 (예시)

조직	역할
의사결정그룹	• 상황별 의사결정 및 대응
전략기획본부	• 선거 기본전략 수립 / 전략 개발 • 여론조사 추이분석 / 대응책 마련 • 이미지 통합 • TV토론 주관 • 예산(안) 작성
종합상황실	• 상황 집중 및 메시지 전달 • 일정관리 및 수행: 후보 · 배우자 • 중앙당 상황보고 • 선거관리위원회의 창구역할
홍보본부	• 오프라인 홍보 (선고홍보물 / 광고 등) • 온라인 홍보 (이미지 확산 / 로고송 제작) • 전화홍보 (ARS)
정책본부	• 공약 작성 및 정책개발 / 정책공약서 발간 • 쟁점(이슈) 개발 및 관리
언론본부	• 공보팀(언론홍보담당) / 대변인 운영 • 기자회견 / 간담회
조직본부	• 지역별 · 직능별 조직 • 특보단 구성
유세본부	• 유세단 구성 • 연설원 및 연설메뉴얼 준비 • 유니폼 / 각종 선거운동용 소품 • 선거운동원 / 대학생 서포터즈 운영
선거지원본부	• 회계, 총무 / 선관위 응대 / 법률담당 • 후원회 운영 • 준법감시팀(선거법 지도, 선거법 위반 적발) 운영

후보는 후보를 보좌하는 비서실장을 두어 의사결정그룹으로부터 지시를 받아 움직이며, 선거대책위원회는 선거대책위원장 밑에 선대본부장을 두고 선거 전체를 관장한다.

선거대책위원회는 전략을 개발하고 이미지를 통합 관장하는 전략기획본부, 전체 상황을 집중하고 일정 및 수행을 관장하는 종합상황실을 둔다. 후보의 메시지를 확산하는 홍보본부, 정책을 수립하는 정책본부를 운영한다.

또한 언론을 담당하는 언론본부, 지역별, 직능별로 조직을 담당하는 조직본부, 유세를 지원하고 연설을 담당하는 유세본부, 기타 회계 및 법률 회계를 담당하는 선거지원본부로 분류된다(〈그림 5-1〉 참조).

〈그림 5-1〉 조직도 (예시)

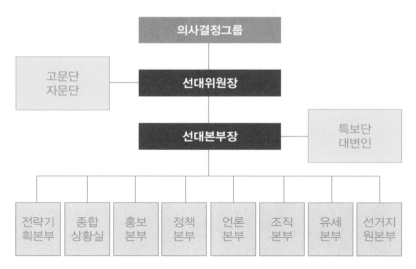

선거캠프 25시

실제 선거대책위원회 조직도 사례는 〈그림 5-2〉 〈그림 5-3〉와 같다.

〈그림 5-2〉 A당 선거대책위원회 사례

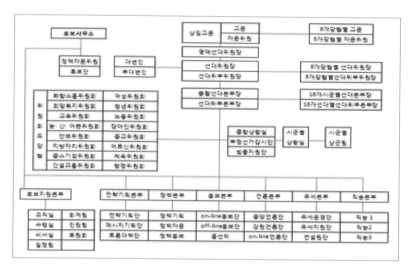

〈그림 5-3〉 B당 선거대책위원회 사례

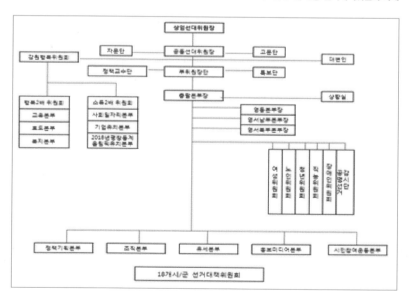

2. 의사결정그룹

선거대책위원회에는 반드시 의사결정 기구를 만들어 후보나 측근 인사의 독단적 행동을 막고 합리적 의사결정 기구를 만들어 운영하는 것이 실수를 최대한 줄이고 최적의 선택점을 찾을 수 있는 길이다.

의사결정 기구는 선거를 이끌어가는 최종 결정회의로 후보를 포함한 비서실장 및 핵심참모 외 필요한 담당 업무전문가로 구성되어 전략을 수립하고 각종 사안에 대한 의사결정과 위기관리를 담당하는 기구이다.

또한 종합상황실에서 올라오는 각종 상황에 대한 최종 의사결정그룹으로서의 역할을 수행하는데 상황의 경중에 따라 종합상황실에서 결정해야 하는 문제와 의사결정그룹에서 결정되는 상황을 구분하여 최대 신속하게 의사결정을 할 수 있도록 하여야 한다.

이 기구는 누군가 혼자 결정하는 것이 아니라 그룹이 의견을 내고 핵심참모의 의견을 들어 사안별 최종 의사결정을 찾아갈 수 있는 체계를 만드는 것이 중요하다.

각 본부 또는 부분별로 저녁회의를 통하여 그날의 사안을 정리하고 다음날 아침 회의에 참석하게 되는데 이 아침회의에 참석하는 사람들이 의사결정 기구가 된다.

선대위원장이 의장이 되어 최종 결정을 내리고 그 결정을 후보가 따를 수 있도록 조정하고 더욱 중요한 사항은 후보가 직접 회의에 참여하여 의사결정에 참여할 수 있도록 구성되어야 한다.

따라서 아침회의는 제안의 회의가 아니고 결정의 회의가 되어야 하며 신속하게 결정하고 이를 즉시 시행할 수 있어야 한다.

전략기획본부

1. 선거전략의 수립

후보가 선거에서 승리하기 위한 기본원칙을 제시하는 것으로 전략의 수립은 각 부서에서 올라오는 정보와 여론조사 결과를 종합분석하여 제시하여야 한다.

선거전략은 인구통계적 특성과 후보자의 강·약점, 이슈, 선거환경 등에 대한 치밀하고 과학적인 연구 및 조사를 실시하여 수립해야 한다.

(1) 선거 기본전략

선거의 기본전략은 무엇을, 언제, 어떻게, 누구에게, 어떠한 일을 할 것인가를 명확히 하는 것을 기본으로 한다. 훌륭한 전략은 책임과 권한을 나누고 각 사안에 관하여 통합하거나 분배하는 선거캠페인의 청사진을 제시한다.

선거는 지역이나 상황에 따라 선거전략에 많은 차이를 가져오기 때문에 현시점에서의 상황을 파악하는 것이 중요하다. 정확한 상황파악을 바탕으로 선거에 당선되기 위해 필요한 것이 전략이다.

선거전략은 1부에서 기술한 후보자분석, 경쟁후보분석, 정세분석, 선거구분석, 유권자 분석 등 상황분석을 통해 기회요인과 위협요인 및 자신의 강점과 약점을 파악하고, 표적유권자 전략(S.T.P)을 통한 유권자의 세분화, 표적유권자 선정 및 포지셔닝 등의 과정을 수행하는 것이다.

달리 표현하면 선거 목표를 명확히 세우고, 그 목표를 달성하기 위해 조직의 강점 및 약점과 환경의 기회요인과 위협요인을 분석함으로써 목표를 향한 방향과 내용 및 수단을 결정하는 것이라고 할 수 있다.

후보자는 시간, 자금, 인력 등이 제한된 상황에서 전략적으로 중요한 일에 자원을 집중해야 한다. 효율적인 선거의 가이드라인을 제시하는 것이 바로 선거전략의 역할이다.

1) 기본 요건
선거전략에는 다음과 같은 기본 요건이 필요하다.

① 선거자원의 확보: 선거승리를 위해서는 인적, 물적, 사회적, 환경적 자원의 확보가 중요하다. 인사가 만사라는 인사 대원칙에 입각하여 우수한 인적자원의 확보와 물적 자원의 균형적 배분이 매우 중요하다.

② 객관적 자료의 확보: 후보의 주관적 판단(감각)에 의해 진행되면 선거에서 잘못된 전략을 수립할 수 있다. 객관적 자료의 확보를 통해 후보의 입장보다 유권자의 시각에서 선거전략을 수립하여야 한다.

이를 위해 유권자들이 선거에 부여하는 의미, 후보와 경쟁후보를 바라보는 태도 등을 여론조사와 같은 객관적인 자료를 통해 파악해야 한다.

③ 최적의 메시지: 후보자가 승리하기 위해서는 최적의 메시지를 개발해야 한다. 유권자들은 후보자가 유권자의 생각을 얼마나 잘 반영할 것인지를 염두에 두고 정책 및 공약 중심으로 평가를 한다.

즉 후보자의 인물이나 경력도 중요하지만 후보자의 정책 및 공약 등 메시지 제공이 더 중요하다. 분명한 메시지를 가진 후보라면 이미지 같은 외적인 요소에 크게 좌우되지 않고 유권자의 지지를 얻는다.

④ 타이밍: 언제 무엇을 해야 할 것인가를 결정하는 것이 매우 중요하다. 자신의 지지층이나 부동층에 각각 언제 선거전략을 펼칠 것인가, 또는 경쟁후보를 언제 공략할 것인가 등과 같은 타이밍이 선거전략을 수립하는 데 아주 중요하다.

⑤ 일관성: 선거전략 방향이 선거캠페인에 일관되게 반영되어야 한다. 일관성이 없다면 지휘소와 선거운동원들 사이에 혼선이 빚어지게 되고 유권자들에게 신뢰성을 주지 못하게 될 것이다.

전략을 변경하게 될 경우라도 일관성을 유지하는 범위 내에서 움직여야 하고 원칙이 무너지면 선거 전체에 혼란이 가중되고 경쟁후보에게 빌미를 제공하여 위험에 빠질 수 있다.

2) 전략의 구성요소

전략의 필요성은 선거의 불확실성을 최소화하고 확실성을 극대화하는 것으로 다음과 같은 요소들을 기본으로 전략을 수립하여야 한다.

① 유권자의 인구통계적 특성에 따른 전략을 수립하여야 한다. 선거구 유권자들의 성별, 연령대, 종교, 학력, 이념성향, 소득수준, 출신지역, 라이프스타일, 취미 등의 인구통계적 특성과 함께 선거구의 지형, 지역산업, 주거형태, 지역 인프라 현황, 교통상황 등의 선거구 특성도 함께 고려하여야 한다.

② 유권자 행동적 측성에 따른 전략을 수립해야 한다. 유권자들이 선거나 정당, 후보자들에 대해 가지고 있는 지식, 태도, 반응을 기초로 전략을 수립해야 한다.

③ 유권자의 지지성향에 따른 전략을 수립해야 한다. 이러한 유권자 지지성향의 전략을 만들기 위해서는 무엇보다도 주요 이슈를 선점하는

것이 중요하다. 이슈 선점을 위해서는 선거구에서 가장 중요한 이슈에 대하여 다른 경쟁후보보다 먼저 분명하고 일관성 있는 입장을 제시하여야 한다.

후보가 주장하는 이슈를 기존에 드러나 있는 유리한 이슈와 연계하여 후보 자신의 이슈 입장을 강화시킬 수 있다. 또한 많은 이슈를 동시에 제기하는 것보다 주요한 이슈에 선택과 집중하는 것이 중요하다.

(2) 여론조사

여론조사는 일반 대중의 의사를 면접 또는 설문지 등을 통하여 조사하는 것을 말한다. 이러한 여론조사는 현대 선거전에서 없어서는 안 될 필수요소가 되었다.

여론조사는 언론에서 보도하는 여론조사 자료, 과거조사 자료, 후보 측이 직접 실시한 여론조사 등을 사용한다.

여론조사를 통해 정당지지도, 투표참여 의사, 후보의 인지도 및 지지도, 유권자의 매체 이용실태, 유권자의 관심 이슈, 유권자에 대한 통계적 자료(나이, 성별, 학력, 직업, 종교 등) 등의 정보를 분석한다.

1) 여론조사 종류

여론조사에는 크게 두 가지로 나눌 수 있다. 일반여론조사와 정책 여론조사가 있다. 언론에서 발표되는 여론조사결과는 일반여론조사 이다.

정책여론조사는 여론조사가 단순히 여론조사에서 끝나는 것이 아 니고 홍보의 수단으로 활용되기도 한다.

여론조사의 문구에 후보의 유리한 부분을 부각시켜 후보의 경쟁 우위를 확보함은 물론 유권자의 데이터가 확보되었다면 유권자의 성 향을 파악할 수도 있으므로 여론조사를 잘 활용한다면 선거에 유리한 마케팅을 전개해 나갈 수 있을 것이다.

2) 여론조사 방법

후보가 일반여론조사를 보고 전략적 결정을 하면 커다란 실수를 범할 수 있다. 후보는 전략의 성공 여부를 정책여론조사기법에 의하 여 검증한 후 전략을 채택해야 한다.

여론조사 방법에는 대인면접, 전화면접(ARS), 인터넷 · SNS, 포커 스그룹 인터뷰(FGI) 등이 있다. 최근에는 트위터, 페이스북 등 소셜미 디어(SNS)를 이용한 여론조사가 많이 행하여진다.

① 대인면접: 대인면접은 직접 유권자와 면담을 통해서 행하는 여론조 사를 말한다. 유권자와 대화를 통하여 그 진위성과 기타 상세한 부분

까지 조사를 할 수 있다는 장점이 있으나 시간 및 비용이 많이 든다는 단점이 있다.

② 전화면접(ARS); 전화면접은 공간적 제약이 없이 일반적으로 많이 실시하고 있는 여론조사 방법으로 일반전화뿐만 아니라 휴대폰을 통한 여론조사로 그 신뢰도가 높아지고 있다.

전화면접은 자동응답시스템(ARS)을 통한 방법과 사람이 직접 전화하는 방법이 있으나 간단한 여론조사는 ARS를 이용하고, 일반여론조사는 ARS로 전화를 걸고 응답은 사람이 직접 통화하는 방식을 많이 사용하고 있다.

③ 인터넷 · SNS 여론조사: 인터넷 · SNS 여론조사는 인터넷 홈페이지 및 SNS에 설문지를 올리고 이에 접속한 유권자들에게 설문을 받는 형식으로 자발적인 참여자에 의한 여론조사를 실시하게 되는데 이는 자기 지지자들이나 특정 집단을 위한 여론조사에 적절한 방법으로 사용되고 있다.

SNS 여론조사는 다른 여론조사의 방법과 달리 설문에 응하는 사람들이 매우 적극적이다. SNS 이용자들은 자신이 좋아하는 후보가 시행하는 설문이기 때문에 매우 적극적으로 설문에 참여한다는 장점이 있다.

④ 포커스 그룹 인터뷰(FGI): 유권자의 의식을 심층적으로 분석하기 위한

조사기법이다. 8~12명 정도의 표적유권자를 초청하여 2~3시간 동안 좌담을 통해 정보를 찾아낸다.

또한 참석자들의 생생한 대화 내용을 참관하거나 읽는 과정에서 선거 콘셉트, 선거 슬로건, 홍보물 등에 사용될 표현 문구나 새로운 아이디어에 개발에도 많은 도움이 된다.

2. 이미지 통합

후보자 이미지를 통합 관리하는 것으로 후보자의 정치적 목적 및 활동과 관련하여 지역을 대표할 수 있는 인물이라는 방향으로 이미지를 형성하고 시대적으로 유권자들이 지지하기를 원하는 인물로 이미지를 형성시켜야 한다.

(1) 이미지 메이킹

이미지란 사전적으로는 상, 모습, 심상으로 정의한다. 대체로 인간의 이미지는 외부로 표현되는 인간의 속성 또는 외부 사람들에 의해 느껴진 개성으로 이해한다.

극단적으로 말해서 인간의 이미지는 외부로 투영되는 각각의 인간의 상이하고 신비한 캐릭터이다. 또한 이미지란 합리적이라기보다 감성적이고 애매한 개념이다.

후보자의 이미지는 하루아침에 이루어지는 것이 아니다. 좋은 이미지를 형성하고 유지하기 위해서는 많은 시간과 비용 및 노력뿐만 아니라 전략과 테크닉이 필요하다. 좋은 이미지를 창출해 내기 위해서는 계획적으로 부단히 노력해야 한다.

이미지 메이킹은 기본적으로 후보자가 가진 긍정적 이미지를 유지·강화하고 부정적 이미지는 제거, 축소. 완화. 통제하는 것을 의미한다.

나쁜 이미지는 좋은 이미지에 비해 쉽게 형성된다. 선거캠페인에서 이른바 흑색선전이 끼어들 수 있는 여지도 여기에서 생긴다. 그러나 나쁜 이미지를 좋은 이미지로 개선하기 위해서는 새로운 시각에서의 접근과 많은 시간을 필요로 한다.

(2) 이미지의 구성요소

후보자의 이미지는 그의 개인적, 직업적. 정치적 특징이 각 후보자에 따라 독특하게 결합된 것이다(김창남 2007).

① 개인적 특징: 그 사람이 가진 성격, 용모, 학력에서부터 말하는 모습, 걷는 모습, 다른 사람을 대하는 태도, 옷 입는 스타일 등에 이르기까지 크고 작은 개인적인 요소들이 복합적으로 표출되는 것을 말한다.

② 직업적 특징: 한 인간의 과거와 현재의 직업이나 경력이 만들어 내는

독특한 특징이다.

③ 정치적 특징: 그의 현재 소속정당, 정당 내에서의 위치나 영향력, 과거에 관련되었던 정당 정치적 이념, 정치경험, 선거경험 등이 복합적으로 표출되는 것이다.

(3) 좋은 이미지 형성을 위한 방안

① 출마의 이유를 분명히 하라.
② 왜 당선되어야 하는지에 대한 확신이 있어야 한다.
③ 기존의 것을 뛰어넘는 중요한 것을 성취할 수 있다는 확신을 주여야 한다.
④ 선거캠페인 초기에 주요 이슈를 선점하라.
⑤ 미디어를 효과적으로 활용하라.
⑥ 상대후보자와 차별화되는 이미지를 창출하라.
⑦ 후보자의 이미지는 메시지에 부합해야 한다.
⑧ 후보자에 대한 정보를 유권자가 많이 알수록 의도적 이미지 창출은 신중하게 해야 한다.
⑨ 목표 지지세력에 부합하는 이미지를 창출하라.
⑩ 유권자가 관심이 높은 문제를 해결할 수 있는 구체적 정책 또는 프로그램을 제시하라.
⑪ 유행에 지나치게 민감할 필요가 없다.
⑫ 옷차림은 상황에 맞춰 품위 있게 입어야 한다.

⑬ 화장과 머리 손질은 전문가의 조언을 듣는 것이 좋다.

⑭ 안경은 눈이 들여다보이는 맑은 것으로 해야 한다.

⑮ 각종 이벤트에 음주 및 흡연 등은 경계해야 한다.

⑯ 건강하고 활기찬 모습을 유지하라.

⑰ 화목한 가정은 좋은 이미지의 기본이다.

⑱ 유권자와 접촉할 때 말을 많이 하지 말고 열심히 경청하는 자세를 취해야 한다.

⑲ 후보자이기 이전에 한 인간으로서 매력 있고 개성 있게 보여야 한다.

⑳ 올바른 방법으로 악수하며 가능한 한 많은 유권자와 개인적으로 접촉해야 한다.

(4) 이미지 메이킹 전개방법

후보자가 유권자에게 주는 이미지는 선거의 승패를 좌우하는 요인이다. 이미지 구축은 다양한 변수에 의해 종합적으로 이루어지는 것이므로 외형은 물론 인격, 경력, 화술 등 복합적 요소가 작용한다.

후보자의 이미지 준수사항은 〈표 6-1〉과 같다.

- 인내심을 가질 것
- 늘 건강을 보살필 것
- 불리하더라도 절대 선거운동원 앞에서 약해지지 말 것
- 기관 · 단체 등을 순방할 때 아랫사람들과도 악수를 할 것
- 감정 노출을 최대한 자제할 것
- 악수할 때는 두 손으로 정중히 하고 상대방을 응시할 것
- 항상 겸손하고 인사하는 것이 생활화되도록 할 것
- 방문하는 장소에 따라 복장 등 외모를 적절히 할 것
- 여성운동원을 잘 활용할 것
- 유권자 앞에서 선거운동원 등 주위 사람을 문책하지 말 것
- 대립관계 파악하여 중도적 입장 고수
- 친 · 인척의 선거사무소 출입통제 및 중요업무 위임금지
- 목욕, 이발은 대중탕에서 대중과 함께 순회하며 할 것
- 유권자 앞에서 기관장 접촉은 가급적 억제
- 승차 상태로 유세장 및 모임에 참석치 말 것
- 사진을 자주 찍어 보내고 아이들 칭찬에 인색치 말 것

자료원: http://blog.daum.net/leeminsae.

※ 후보자 이미지 메이킹의 단계별 전개방법은 다음 3단계로 구분할 수 있다.

1단계 (인물의 노출): 존재감 차원으로 가능한 많은 사람과 접촉하고 매체 언론노출을 최대한 극대화하여 질보다는 양적 증대를 위해 노력함

2단계 (인지화): 친밀감 차원으로 지역발전 방향과 유권자에게 돌아갈 이익을 구체적으로 제시함으로 후보의 성격을 각인시킴

3단계 (인물화): 기대감 차원으로 양적 노출에서 질적 노출로 전환함

3. TV 토론 및 연설

(1) TV 토론 및 연설

TV는 매체의 속성상 일반 대중이 접촉하기 쉬워 그 어떤 대중매체보다 강한 호소력을 가지고 있다. 유권자들에게 정치 이슈를 가장

효과적으로 전달할 수 있다는 점에서 매우 중요한 수단이다.

TV 토론 및 연설은 선거방송토론위원회, 언론기관, 각종 단체 등의 주관으로 진행된다. 특히 선거방송토론위원회는 방송사가 주관하므로 후보자를 알릴 수 있는 좋은 기회이다.

그러므로 TV 토론 및 연설은 분명한 목적과 목표가 있는 전체 선거전략의 일부분으로 선거승리의 중요한 요인 중에 하나이다.

※ TV 토론 및 연설에 임할 때 다음 사항을 유의해야 한다(서경선 2012).

① 목표를 설정한다: 후보의 메시지를 전달하는 것이 목표인지, 특정 이슈에 대해 경쟁후보 또는 유권자에게 차별화하는 것이 목표인지, 자신의 자질과 강점을 홍보하는 것이 목표인지를 명확히 해야 한다.

목표를 너무 많이 잡지 말고 1~2개 정도로 잡는 것이 바람직하다. 또한 방송 화면에 비치는 비주얼을 중요시해야 하며, 후보의 의상, 제스처, 표정, 말투 등을 세심하게 준비하여야 한다.

② 사전에 TV토론 및 연설 규칙을 숙지한다: 오프닝 멘트와 클로징 멘트 배정 시간은 몇 분인지, 토론 시 후보 질문의 답변이나 반박시간은 어느 정도인지, 연설시 후보자가 준비한 시각자료 등을 사용할 수 있는지 등의 사전 규칙을 미리 숙지한다.

③ TV토론 및 연설 현장의 상황을 파악한다: TV 토론 시 좌석 배치를 파

악하고 질문 대상 후보 및 순서를 파악한다. 연설시 세트장의 색상을 고려하여 의상을 준비한다.

④ 결론부터 간결하게 말한다: 후보자의 지리한 설명을 듣는 유권자는 없다. 핵심을 간략히 말한다.

⑤ 경쟁후보가 아닌 표적유권자를 향해 말한다: 굳이 경쟁후보를 설득할 필요는 없다. 후보는 자신의 메시지를 표적유권자에게 전달하면 된다.

(2) TV 토론 표현전략

TV 토론에서의 표현전략은 대략 다섯 가지로 크게 나누어 볼 수 있다. 공격전략, 방어전략과 자기 PR전략, 무시전략과 강조전략이 그것이다. (http://blog.daum.net/leeminsae

1) 공격전략

공격전략은 주로 도전후보가 취할 전략이다. 도전후보는 대부분의 상황에서 특히 선도후보에게 상당한 차이로 뒤져있는 경우엔 선도후보를 공격하는 것이 현명하다.

보통 선도후보는 실질적인 활동 여부와 상관없이 유권자들에게 호의적인 태도를 갖게 하는 경향이 있다. 이러한 경우 선도후보와의 차별성을 통하여 선도후보가 갖고 있는 특징을 희석시키는 것을 목표로 삼아야 한다.

일반적으로 선도후보로서 유리한 입장에 있는 후보자는 유권자들에게 선도후보라는 자신의 신분을 상기시켜 주기만 하더라도 선거에서 당선될 수 있을 것이다. 그러므로 구태여 도전후보에게 주의를 돌릴 필요는 없으며 공격할 필요도 없다.

그러나 안심할 수는 없는 것이 선거전이다. 자신에 대한 지지가 위태롭다는 판단이 서면 이러한 전략을 즉각 수정해야 한다. 최소한 도전후보의 공격에 대항해 반박을 해야 하며, 때로는 방어를 넘어선 반격까지 가해야만 한다.

한편 어떤 후보자는 자신이 선도후보로서 자신의 입장이 유리한 입장에도 불구하고 공격전략을 구사하는 경우가 있는데 오히려 역공을 당해 위험에 직면할 수도 있다.

그러나 선도후보나 도전후보 여부에 관계없이 공격을 하지 않음으로써 자신의 지지도가 하락할 수 있다고 느끼는 경우에는 공격을 해야 한다.

후보자의 지나친 자기 PR 성향이나 방어성향으로 인해 상대방의 위치를 적절히 공격하지 않는다면, 오히려 유권자들에게 오만하거나 나약한 이미지를 줄 수 있기 때문이다.

2) 방어전략과 자기 PR전략

방어전략과 자기 PR전략은 선거전에서 별다른 이슈 없이 후보자가 판세를 유리하게 이끌고 있다고 판단될 때 사용하는 전략이다.

후보자가 확고하게 리드를 하고 있다든지, 아니면 상대의 공격에 대해 위험을 무릅쓰고 반격하기를 원치 않거나, 혹은 경쟁후보가 특별히 공격받기 쉬운 상황이 아닐 때 방어나 자기PR은 유력한 수단으로 활용된다.

특히 방어전략은 중요한 이슈에 대한 후보자의 견해나 행동이 공격받았을 때 유용하며, 자기 PR전략은 다음의 경우에 가장 효과적이다.

① 후보자가 아직 잘 알려지지 않은 인물일 때.
② 유권자들 사이에 후보자가 과연 그 직책을 제대로 수행해 낼 수 있겠는가 하는 의구심이 확산되어 갈 때.
③ 방어나 공격이 바람직하지 못한 전략으로 여겨질 때.

3) 무시전략과 강조전략

TV 토론에서 후보자들 간의 충돌은 주로 상대방의 논리에 반박을 함으로써 발생한다. 서로 공격이나 반박이 필요 없는 경우에 자주 쓰이는 전략이 상대방을 무시하는 전략이다. 이 무시전략은 일반적으로 선도후보가 자주 이용한다.

선도후보 일 경우가 많지만 선도후보를 바짝 추적하고 있는 경쟁후보가 무시전략을 사용할 수도 있다. 즉 밴드웨곤 효과를 노려 자신이 선도후보라는 인상을 만들거나, 아니면 논쟁에서 빚어질지 모를 위험을 피하고자 이 전략을 사용하는 것이다.

무시전략은 유권자들에게 오만하다는 인상을 줄 우려가 있으니 주의해서 사용해야 한다. 무시전략은 일대일 토론회에서보다는 다수 후보자들이 참석한 토론회에서 실행하기가 쉽다.

참석자가 둘인 경우에는 무시전략은 반격을 당할 위험이 있지만 참석자가 다수인 토론회에서는 각 후보자들에게 주어진 발언 시간이 짧고 시간제한도 엄격하기 때문에 상대방을 무시하는 후보자에 대해 반격할 수 있는 기회가 사실상 없다.

무시전략의 변형으로 초월전략이 있다. 이 전략에서는 후보자가 경쟁후보와 자신과는 논점의 차원에서 한 단계 차등을 둠으로써 자신의 입장을 PR하고 필요에 따라서는 다른 경쟁후보 사이의 논쟁을 초월한 입장에서 여유 있게 언급함으로써 그 논쟁 속에서 자신을 눈에 띄게 차별화시키는 것이다.

※ 무시전략은 다음 상황에서도 종종 이용될 수 있다.

① 경쟁후보와 너무 유사한 특징을 많이 가지고 있어 경쟁후보를 공격하는 것이 무의미하거나 오히려 역효과를 낼 수 있는 상황일 때.

② 상대방에 대한 언급이 오히려 그의 입장을 올려준다거나 혹은 후보자

보다도 상대에게 신뢰가 더 주어질 수 있는 상황으로 후보자에게 불리한 이슈가 상호공방으로 인해 표출될 수 있는 상황일 때이다.

강조전략은 공격전략과 자기 PR전략이 결합한 형태이다. 반대할 수 없을 정도로 인기 있는 견해를 주장하는 상대에 대한 대응전략으로 재차 강조함으로써 상대의 주장을 희석시키고 이것이 자기의 주장으로 각인시키는데 사용된다.

선도후보가 강조전략을 적절히 사용함으로 도전후보의 공격을 방어할 수 있는 전략으로 유효하나, 도전후보의 경우는 그 효과가 크지 않을 수 있기 때문에 차별성을 찾아내는 것이 더욱 중요하다.

(3) 각종 단체가 주최하는 토론회

지역의 단체나 이익집단의 토론회에 참석하게 되는데 지역 상공회의소나 지역 로터리 클럽, JC클럽 등과 같은 지역 밀착형 단체나 각종 포럼 등 시민단체에서 주관하는 토론회가 열리기도 한다.

이러한 토론회도 선거에 커다란 영향을 주지는 않지만 후보의 이미지나 지지층의 결집을 위해 중요한 역할을 할 수 있으며, 여기서 나온 상대후보의 실수나 잘못된 발언 등을 활용한다면 선거에 중요한 영향을 미칠 수도 있다.

또한 지역의 경제 또는 이슈에 관한 사항을 정확히 밝히고 자신의 입장을 명확히 주장하여 선거에 유리한 자료를 동영상이나 기사화한 다는 전제하에 토론회를 진행함으로 SNS나 매스컴에 홍보할 수 있는 자료를 만들어 낼 수 있다.

토론회가 후보의 성격과 유사한 성격의 단체에서 주관하는 토론회라면 더욱 상대후보를 공격하여 실수를 유발해 냄으로써 이러한 자료를 선거선략에 활용할 수 있고, 자기의 강점을 잘 만들어 낸다면 더 좋은 유권자 지지층을 얻을 수 있으므로 적극 활용하는 전략을 취하는 것이 좋다.

또한 상대후보에게 유리한 토론회에 참가하여 허점을 드러내는 실수를 범하는 일도 없어야 할 것이며, 참석을 안 하는 것도 상대에게 빌미를 제공할 수 있으므로 전략 차원에서 참모들과 잘 상의 후 결정하여야 한다.

4. 예산(안) 작성

후보의 자금 조달 계획에 맞춰 상세하게 예산(안)을 만들어야 한다. 예산은 선거비용으로 보존받는 비용과 보존받을 수 없는 비용을 구분하여 작성하여야 한다.

보존받는 비용은 공식 선거운동 기간 중에 사용된 비용으로 선거사무원 등 수당, 벽보·공보·소형인쇄물 작성비용, 합동연설회 비용, 공개 장소에서의 연설·대담 비용, 투·개표 참관인 수당 등에 소요되는 비용이며 경선비용 등 정당활동에 들어가는 비용, 선거관리위원회 납부 기탁금, 선거사무소 등 설치 및 유지비용 등은 선거비용에 포함되지 않는다.

또한 보존받는 선거비용도 현행 선거법에 15% 이상 득표해야 전액 보존 받을 수 있고, 10% 이상 15% 미만은 50%, 10% 미만일 경우는 보존 받는 금액이 없으므로 후보의 득표율을 예상하여 예산안을 작성하여야 한다.

예산안을 작성 시 법정선거비용 한도액에서 보통 10% 정도 적게 편성하는데, 이는 선거법에 위반되는 선거운동에 지출한 비용과 기부행위 제한규정을 위반하여 지출한 비용을 제출된 선거비용에 합해지므로 선거비용이 초과할 수 있기 때문이다. 선거비용 초과는 당선 무효가 된다.

예산안 작성 예시는 〈표 6-2〉과 같다.

선거비용 지출 예상 내역서(예시)

구분	지출항목	선거비용	선거 외 비용	산출근거
사무소	선거사무실 임차비			
	현판, 현수막의 제작, 설치비			
	게시판 제작비(현황판 등)			
	내부게시물 제작비 (벽보 및 공보 등)			
	운영 우지비(전기료 등 곡공요금)			
	책상 및 의자, TV, 컴퓨터 등 구입비			
	단순노무자 인건비			
	개소식 다과비			
	렌터카 4대			
	당비			중앙당 지급
	공천심사비			중앙당 지급
	경선기탁금			도당 지급
	경선홍보물			
	후보자등록 기탁금			선관위 지급
	소계			
연락소	현판, 현수막의 제작, 설치비			
	선거사무실 임차비			1,500*18
	연락소지원금			5,000*18
	책상 및 의자, TV, 컴퓨터 등 구입비			
	게시판 제작비(현황판 등)			
	물품 구입비 (문구류, 생수, 휴지 등)			
	개소식 다과비			
	소계			
선전벽보	예비후보자 선거공보			
	명암제작비			
	선전벽보 기획, 도안			
	선전벽보 인쇄료 (택배 운반비 포함)			
	검인받은 선전벽보의 보완 첩부비			
	소계			
선전공보	선거공보(12P)벽보 기획, 도안			
	선거공보인쇄물 (택배 운반비 포함)			
	선거공보 · 공약서(점자형)			
	소계			

현수막	거리 현수막 제작, 게시비			
사무원수당실비	선거사무장, 회계책임자 수당실비			2명*115
	선거연락소장, 회계책임자, 수당실비			36명*90*13일
	선거사무원수당,실비			206명*70*13일
	소계			
후보자	후보자 자신경비, 수행원 식사비			
사진촬영비	후보자 사진 촬영비			
선거공약서	기획, 도안료			
	인쇄료			
	소계			
어깨띠	어깨띠 제작비			
신문광고	신문광고 기획, 도안료			1면 4단 1,970
	신문광고료(최저요금)			8,800*4회
	소계			
방송광고	방송광고 기획, 제작비			
	방송광고료(최저요금)			
	라디오연설			
	KBS			TV, R 각1회
	MBC			TV 1회, R 2회
	GTB			TV 1회
	소계			
방송연설	방송광고 기획, 제작비			
	방송광고료(최저요금)			
	라디오연설			
	KBS			TV, R 각 1회 (제작비)
	MBC			TV, R 각 1회(제작비)
	GTB			TV, R 각 1회 (제작비)
	소계			

공개 장소 연설, 대담	홍보 영상차량 임차비(LED)			
	홍보 영상차량 임차비(방송)			
	차량 도색비(래핑)			
	확성장치(앰프 등) 임차료			
	영상홍보물의 기획, 도안료, 제작비			동영상
	소계			
로고송	로고송 저작권료 및 제작비			저작권료 1,000
홈페이지	홈페이지 개편 비용			
전화	임시전화 설치, 기본료, 통화료			
	전화 기콘 공사비			
	문자메시지			
	전자우편발송료			
	소계			
인터넷광고	인터넷광고 기획, 도안료			
	배너, 팝업 등 제작비			
	인터넷광고비			
	소계			
자동차	승용하는 자동차의 유지비, 운영비			후보자, 수행원 3대, 유류비
모자, 티셔츠	단체모자등 구입비, 제작비			
기타	추하용 꽃다발 구입비			
합계				

제7장

종합상황실

1. 컨트롤 타워(Control Tower) 역할

(1) 선거 상황 집중과 분배

    종합상황실은 선거캠페인에서 전체적인 상호 의사소통이 원활하게 조정하는 임무를 수행하며 그 역할은 매우 중요하다. 선거캠페인에서 조직 간에 상호 커뮤니케이션이 잘되지 않는 경우를 종종 볼 수 있다.

    선거운동원은 모든 상황을 종합상황실로 집중시키고 종합상황실은 이를 수집 · 정리하여 최고의사결정기관에 올리고 결정된 사항을 파트별로 빠짐없이 전달해 선거운동의 일관성을 유지해야 한다.

    이러한 과정이 정확하게 이루어질 수 있도록 사전 교육이 되어야 하고 이를 숙지하도록 계속적인 반복 훈련이 필요하다. 특히, 일반 선거운동원들은 한시적으로 선거운동에 개입하기 때문에 이러한 절차를 잘 설명해 주어야 한다.

종합상황실은 모든 메시지의 통일을 강조하고 메시지 전달의 총책임을 맡은 역할을 하는 곳이므로 모든 선거자원을 잘 분배하여 선거운동원들을 효율적으로 활용할 수 있어야 한다.

긴급 상황 발생 시 의사결정까지 시간이 지체되고 이를 다시 전달되는 과정에서 시간이 지체된다면 상황이 역전될 수도 있으므로 의사전달체계를 수시로 점검하여 담당자들이 완전히 숙지하고 모든 선거상황이 신속히 처리되도록 하여야 한다.

특히, 종합상황실에 올라온 상황이 의사결정 기구를 통해 다시 각 본부 등에 전달되는 과정이 동시에 이루어져야 하고 모든 일정관리 등이 선거운동원에게 고루 전달되고 수정되도록 조정하여야 한다.

(2) 중앙당과 관계 유지

후보자가 정당의 정책이나 기타 사항에 대한 관계를 잘 유지하고 되도록 중앙당의 도움과 협조를 잘 이행하여야 한다.

이는 유권자들이 후보의 인물을 중시하는 경우도 있으나 정당의 정책이나 기본사항을 더 중시하는 경우도 많이 발생하기 때문이다.

이러한 경우 중앙당과의 관계를 잘 유지해야만 후보에 대한 정당의 지지자까지도 후보의 지지자로 전환할 수 있다.

또한 중앙당과의 관계를 잘 유지함으로써 후보의 선거캠페인에서 부족한 점은 중앙당의 도움을 통해 자신의 부족한 점을 보완할 수 있다.

(3) 선거관리위원회의 창구 역할

종합상황실은 선거관리위원회와 우호적인 관계를 형성하고 질의를 통한 선거법 위반 여부를 확인하며 경쟁후보의 선거활동 정보를 파악하는 역할을 수행하여야 한다.

선거관리위원회는 선거와 국민투표의 공정한 관리 및 정당에 관한 사무를 처리하는 헌법상의 독립기관이다. 국회, 정부, 법원과 같은 지위를 갖는 독립된 합의제 헌법기관이며 선거와 국민투표의 공정한 관리 및 정당에 관한 사무를 관장한다.

선거관리위원회의 조직과 직무는 선거관리위원회법에 자세히 규정되어 있다.

※ 선거관리위원회의 업무를 간략히 정리하면 다음과 같다.

① 선거와 국민투표의 공정한 관리
② 정당의 창당등록, 등록상황 공고, 등록취소 등 사무의 통합관리
③ 하급 선거관리위원회의 지휘·감독

④ 법령의 범위 안에서 선거관리, 국민투표 관리 또는 정당 사무에 관한 규칙을 제정

⑤ 선거사무에 관하여 관계 행정기관에 필요한 지시

2. 일정관리 및 수행관리

(1) 일정관리

후보자 일정관리는 선거에서 후보자의 직접적인 득표활동, 매체 및 홍보활동에 매우 중요하며, 그중 가장 중요한 것이 후보자의 직접적인 득표활동이다. 후보자의 득표활동의 효과를 극대화시키기 위해서는 후보자가 적절한 시간에 적절한 장소에 나타날 수 있도록 일정을 관리하는 것은 필수적이다.

선거활동 중 가장 중요한 업무인 후보자 일정관리는 후보자가 지역구에서 가능한 많은 사람을 만나고 최대한으로 지역의 행사에 참여할 수 있도록 효율성을 극대화하여야 한다.

또한 그 지역의 특성을 적극 이용해 언론 및 방송에 후보자의 기사가 최대한 반영될 수 있도록 사전에 기사를 작성하여 기자들에게 통보한다.

근거리 이동원칙에 의해 일정관리와 후보자 연설회를 함께 하게 되는데, 이러한 지역유세의 결과를 전화 조사를 통해 점검함으로써, 후

보자의 노출 효과를 확인하고 문제점이 있을 시 그 대안을 마련한다.

일정관리의 기본원칙은 후보자가 승리를 위해 꼭 필요한 장소에 가서 꼭 필요한 사람들을 만나 꼭 필요한 활동을 하게 하는 것이다. 무엇을 위해 어떻게 활용할 것인가를 선거캠페인 전략의 큰 틀 속에서 결정할 때 좋은 일정관리가 나올 것이다.

후보자는 무엇보다도 유권자 접촉에 가장 많은 시간을 할애해야 한다. 유권자 접촉을 통해 가능한 한 직접적으로 선거 메시지 커뮤니케이션을 많이 하는 것이 지지를 확대하는데 가장 효과적인 방법이다.

제7장

종합상황실

성공적인 선거캠페인을 위한 후보자의 시간을 선거캠페인 활동에 할애하는 방법(예시)은 〈표 7-1〉와 같다.

〈표 7-1〉 후보자 시간 할애 방법(예시)

비율	내용
50%	• 유권자접촉: 각종 옥내·외 연설, 각종 단체와 회동, 방문, 악수 등 다양한 유권자 직접 접촉을 통한 지지획득 • 모금: 개인적 전화 모금, 회합, 방문, 이벤트 등
10%	• 선거캠페인전략: 참모와의 전략 회의, 스케줄 조정, 브리핑 청취 등
20%	• 언론을 통한 메시지 전달: 인터뷰, 기자회견 및 기자 간담회, 방송연설 및 토론, 언론사 방문 등
10%	• 캠페인에 수반되는 소소한 업무: 여론조사 질문지 검토, 전화 연설준비, 방송광고 촬영 및 녹음, 사진 촬영 등
5%	• 개인 또는 가족과의 시간: 생각하는 시간, 가족과의 시간, 간이휴식 등
5%	• 이동: 출퇴근, 방문 등

자료원: 김창남(2007) "선거캠페인의 원리와 실행전략", 나남.

후보자의 하루 일과가 항상 이러한 일정 계획에 따라 엄격히 이루어질 수 없지만 일주일이나 10일 이상의 전체 활동 시간은 대체로 이러한 일정 계획에 따르는 것이 좋다.

(2) 수행관리

수행은 후보자를 직접 보필하면서도 직언을 할 수 있는 사람으로 비서실장 등 후보의 핵심참모가 맡아 수행팀원을 구성하여야 이미지 전략 및 정책을 꼼꼼히 체크할 수 있으며, 후보자가 이를 지키지 않았을 경우 교정할 수도 있을 것이다.

지역주민을 만날 때 그 지역의 주요 이슈를 꼼꼼히 챙기고 지역 유지나 덕망 있는 인사들을 꼭 찾아뵐 수 있도록 일정관리를 맞춰야 한다. 때로는 그 지역의 덕망 있는 인사가 직접 같이 수행에 나서줄 수 있도록 한다면 더 큰 효과가 있을 것이다.

중요한 지역의 오피니언 리더들은 오랜 시간이 걸리더라도 충분히 많은 얘기를 나눌 수 있도록 하고, 한 번으로 끝내지 말고 최소 2~3회 이상 친분을 가져야 한다. 식사는 되도록 사람들이 많이 모이는 구내식당 등에서 할 수 있도록 미리 준비하는 것이 좋다.

사진과 동영상이 SNS나 언론제출용으로 필요하므로 사진기사가 항상 동행하고 좋은 사진은 즉시 이미지팀으로 전송되어 언론 및 SNS상에 바로 활용될 수 있도록 신속하게 처리한다.

행사장에 나갈 때에도 핵심인사와 접견 및 주변 유권자와의 만남이 자연스럽게 이루어질 수 있도록 사전 준비하고 항상 봉사하는 모습을 보여주는 것이 좋다. 행사장을 너무 빨리 떠나는 것도 실례가 될 수 있으며, 마지막까지 남아있는 모습도 표심에 긍정적으로 작용할 수 있다.

수행 도중 이벤트 형식의 퍼포먼스를 보여주는 것도 좋다. 선거운동원들과 로고송에 맞춰 같이 춤을 추거나 유권자와 사진을 같이 찍는 모습에서 친근감을 만들 수 있다.

유권자를 만날 때에는 허리를 굽히고 자세를 낮춰 반드시 한마디 이상 대화를 하는 것이 중요하며, 많은 사람과 악수하는 것보다 내가 만난 사람을 내 지지자로 만들겠다는 신념이 필요하다.

실제 악수를 하면서 후보자의 시선은 다음 유권자를 보고 있는 경우가 흔히 발생한다. 이럴 경우 악수를 하는 유권자에게 결코 좋은 인상을 심어줄 수 없을 것이다. 수행팀은 이런 부분을 후보자에게 끊임없이 지적하고 수정하여 진정한 정치인이 되도록 보조하여야 한다.

지역별 유세에서 후보자의 동선에 같이 동행하는 사람들을 선정할 때, 유세 전날 저녁회의에서 미리 결정하고 이미지가 좋지 않은 인사를 배제하는 등 지역 조직특보가 수행팀장을 보좌하여 분위기 좋은 유세가 될 수 있도록 조정해야 한다.

홍보본부

홍보본부는 이미지팀이 만든 이미지를 모든 매체를 이용하여 일관되게 홍보하여야 한다.

홍보본부는 법정 공보물 및 벽보, 공약집을 제작하여 선관위에 제출하고, 명함, 홍보물, 현수막 등을 제작 · 설치하는 OFF-LINE 광고 및 인터넷, SNS를 통한 ON-LINE 홍보 그리고 전화홍보와 홍보요원 선발, 교육, 지침 및 보고서 등을 작성한다.

1. OFF-LINE 홍보

(1) 선거홍보물

선거홍보물은 첫인상을 보여주는 중요한 성격을 지니고 있으므로 유권자에게 흥미를 유발할 수 있는 충실한 내용, 짜임새 있는 구성,

시각적 요소의 사용 등이 중요하다. 인쇄물을 제작할 때 너무 많은 비용을 들여서는 안 되지만 너무 싸구려 같은 느낌을 주게 되면 후보자가 품위가 없어 보일 가능성도 있다.

우리나라 선거에서 선거 공보물은 선거관리위원회가 일관하여 매 세대와 부재자 신고자에게 우편으로 일괄 발송하며, 선거벽보는 가두에 설치한다. 전국 동시 지방선거의 경우 광역단체장, 광역의원, 기초단체장, 기초의원, 교육감 등의 선거가 동시에 실시되므로 유권자들은 보통 30종 이상의 홍보물을 받게 되므로 자신만의 차별성을 구사해야만 효과적인 선거홍보수단이 될 수 있다.

※ 선거홍보용 인쇄물의 내용별 유형은 다음과 같다.

① 후보자의 개인적 사항을 부각시키는 유형: 선거캠페인의 메시지를 전달하기 위함보다는 유권자에게 후보자를 소개하기 위한 것이다. 따라서 후보자의 집안, 교육(학력), 지위, 성취업적, 사업, 업무관계의 경력 등 주로 후보자의 배경에 해당하는 정보를 전달한다.

② 유권자와 공유하는 가치를 나타내는 유형: 후보자가 선거구민이 공유하는 가치들을 부각시킴으로써 출마의 당위성 또는 지역에 대한 대표성을 나타내는 타입의 인쇄물이다. 종교적 가치, 문화가치, 지역의 전통, 지역의 농·특산물과의 연관성, 봉사활동, 지역원로들과의 연관성 등을 들 수 있다.

③ 지지세력을 나타내는 유형: 이 유형은 첫째 후보자와 고위직 당직자

들과의 친밀도를 나타내는 타입, 둘째 노동조합, 환경단체, 시민단체, 노인단체, 여성단체 등과 같은 단체가 지지한다는 것을 부각하는 타입, 셋째 특정계급, 직업, 그룹의 특성을 가진 사람들의 지지를 부각시키는 타입의 인쇄물이다.

선거홍보물 개요(예시)는 〈표 8-2〉과 같다.

〈표 8-2〉 선거홍보물 개요(예시)

구분		내용
예비 후보자 홍보물	명함	
	예비후보자 홍보물	8면, 세대수 10/100 이내
	봉투	※지질중량 제한 없음
	예비후보자 공약집	규격, 수량 제한 없음(도서형태, 판매용)
	사진 촬영	스튜디오, 야외, 행사 등
예비 후보자 기타 홍보	홈페이지 및 블로그	미리미리 준비(작업 기간이 필요), 노출방안 수립
	전자우편(e-mail)	e-mail 매거진 발행
	SNS	facebook, twitter,naver, band 등
선거 사무소 관련	외부현수막	예비후보자 시기부터 선거사무소 개설 가능
	내부현수막	
법정 홍보물	명함	
	선거공약서	16면 / 후보자 등 직접 배부/세대수의 10/1000이내
	점자형 선거공약서	고시 수량
	선거벽보	
	선거공보	제작 부수＝세대수+부재자수, 12면 이내
	점자형 선거공보	후보자 선택사항
	현수막	읍 · 면 · 동별 각 1개
	어깨띠	후보자, 배우자, 선거사무원
	사진 촬영	스튜디오, 야외, 행사 등
선거홍 보물	홈페이지 및 블로그	블로그 일체형
	SNS/e-mail	
	문자메세지	총 5회는 발송대행업체를 통한 전송 가능
선거 캠페인 전략 수립	전화 여론조사	
	ARS조사 · 홍보	
	선거캠페인전략 · 기획	

유세 관련	유세 차량	
	영상차량	후보자 본부용
	로고송	
	동영상	
기타 제작물	선거사무소 간판	
	선거사무소 현판	
	모자	
	티셔츠	후보자, 배우자, 선거사무원 모두 가능
	장갑	
광고 등	신문 광고	총5회
	방송 연설	TV, 라디오 각 5회 이내(1회 10분 이내)

1) 명함

대부분의 후보자들은 명함은 사람들에게 자신을 알리는 기능으로 간주하고 단순한 기능의 형태로만 명함을 이용한다. 다시 말하면 명함을 단순화되고 정형화된 내용만을 담지 말고, 기존의 고정관념을 바꾸면 아주 좋은 홍보물이 될 수가 있다.

명함에는 자신의 이름, 사진, 전화번호, 학력, 경력, 그 밖의 자신을 알리고 싶은 사항을 기입한다. 선거법에는 명함에 대한 규격(9cm x 5cm)에 대한 내용은 있으나 자율적으로 만들도록 되어 있으므로 직사각형이 아닌 독특한 디자인이 유권자들에게 신선함으로 다가올 수 있다.

명함에서 학력사항은 가장 주의해야 한다. 즉 통상적인 정규학교 졸업이나 학사, 석사, 박사 학위가 아닌 최고 고위과정 등과 같은 과정은 정규학력이 아니므로 주의해야 한다.

또한 명함에 지나치게 많은 메시지를 담는 것은 좋지 않다. 효과적인 선거캠페인 효과를 누리기 위해서는 단일한 메시지를 반복적으로 말하는 것이 필요하다. 따라서 2~3가지 메시지를 가지고 선거를 준비하는 것이 좋다.

2) 예비후보자 홍보물

후보자들이 선거홍보물 중에서 가장 관심을 가지고 만드는 것이 바로 예비후보자 홍보물과 본선에서의 선거공보물이다.

예비후보자 홍보물은 전체 유권자를 대상으로 하는 것이 아니라 유권자 세대수의 1/10 범위 내에서 후보자가 배포하고 싶어하는 유권자에게 무작위로 우편발송을 통해 배포할 수 있다.

예비후보자 홍보물의 경우 발행이 제한되기 때문에 공천에 영향을 주는 사람들과 내 지지층을 결집시키는데 필요한 지역의 여론 주도층을 그 대상으로 보내게 되는데 이런 일부 유권자를 대상으로 만드는 예비홍보물과 유권자 전체가 받아보는 선거공보물은 메시지가 같을 수는 없다.

내 지지층을 결집시키는 용도의 예비후보자 홍보물이라면 우리가 왜 결집해야 하는지를 알려야 하고, 당원을 중심으로 하는 예비후보자 홍보물이라면 후보자가 왜 출마해야 하는지의 당위성을 담아야 한다. 이렇듯이 예비후보자 홍보물은 선거공보와 그 목적이 상이하게 다르다.

3) 예비후보자 공약집

대통령 선거 및 지방자치단체장선거의 예비후보자는 예비후보자 공약집을 발간 및 배부할 수 있다. 정치 신인의 경우 유권자에게 자신을 알릴 좋은 기회가 확대된 것이나 무상 배포가 금지되어 있어 불법 선거를 양산할 수 있는 제도라는 점에서 비판의 대상이 될 수 있다.

예비후보자 공약집은 선거공약 및 추진계획 등으로 각 사업의 목표, 우선순위, 이행절차 및 기간, 자금 조달 방법 등의 내용을 바탕으로 1종을 발간하여 배부할 수 있다.

좋은 공약집을 만들기 위해서는 우선 모든 것을 유권자의 입장에서 내용은 유권자가 알기 쉽게 정리하고, 너무 딱딱하지 않게 쉽고 즐거운 내용으로 하되 표지는 평범한 표지가 아닌 특색있는 표지를 사용하거나 정치적인 냄새가 나지 않도록 제작하는 것이 중요하다.

예비후보자 공약집은 자신의 정견을 알릴 수 있는 기회로 예비홍보물이나 선거공보와는 달리 크기, 면수, 수량에 제한이 없어 후보자의 정책을 유권자에게 자세히 알릴 수 있다는 장점이 있다. 그러나 선거비용으로 보전받지 못하고 선거일 전 90일부터 선거일까지 선거구민을 대상으로 광고하는 것은 「공직선거법」 제93조에 위반이 되므로 유의해야 한다.

4) 선거공보

선거공보는 선거관리위원회에서 유권자 전체에 발송되는 것으로 세대수만큼 제작하여 지역 선거관리위원회가 지정한 시간 내에 지정된 장소로 제출하여야 한다.

선거공보는 전체 유권자를 대상으로 하는 만큼 예비후보자 홍보물보다는 내용의 범위가 넓으며 대중성을 띠어야 한다. 그렇기 때문에 선거공보는 후보 중심, 이슈 중심, 공약 중심이 되는 것이 일반적이다.

선거공보는 책자 형태로 제작되므로 후보자가 가지고 있는 장점을 최대로 부각해야 하며 1 페이지에 1 메시지 원칙에 따라 유권자가 듣고 싶어하는 메시지를 짧지만 호소력 있게 담아야 한다.

또한 색상도 너무 자극적이지 않고 선거에서의 후보의 색깔과 일치하고 전체적으로 균형이 이루어져야 하며 다양한 모습의 사진을 통하여 메시지를 주는 방향으로 제작되어야 한다.

5) 선거공약서

선거공약서는 대통령선거와 지방자치단체장의 선거에만 적용된다. 선거공약서는 선거공약 및 이에 대한 추진계획으로서 각 사업의 목표, 우선순위, 이행절차, 이행기한, 재원조달방안을 게재해야 한다.

선거전략적 측면에 있어서도 선거공약서의 비중은 무시할 수 없기 때문에 선거공약서에 들어갈 정책은 유권자의 선호도를 잘 따져봐야 할 것이다.

선거공약서는 선거구 안에 있는 세대수의 1/10에 해당하는 수 이내로 제작하여 후보자와 그 가족, 선거사무장, 선거연락소장, 선거사무원, 회계책임자 및 연설원만이 배부할 수 있으며 우편발송, 호별방문 및 살포(특정 장소에 비치하는 방법을 포함한다.)의 방법으로는 선거공약서를 배부할 수 없다.

6) 선거벽보

후보자의 이미지를 가장 효과적으로 유권자에게 전달하는 역할을 한다. 선거에 있어서 선거벽보만을 보고 선거에 임하는 유권자들도 종종 있다.

특히 정치에 무관심한 유권자들은 선거벽보를 통해 후보자의 이미지를 가장 많이 파악한다. 따라서 선거벽보는 타 후보와의 차별성이 있어야 하며, 아울러 중요한 정보도 같이 담겨야 한다.

선거벽보에는 후보자의 사진, 성명, 기호, 소속정당명, 학력, 정책 및 슬로건이나 기타 홍보에 필요한 사항을 기재하며 선거관리위원에서 지정된 날까지 제출되어야 한다.

선거벽보의 예는 〈그림 8-1〉, 〈그림 8-2〉, 〈그림 8-3〉 와 같다.

〈그림 8-1〉 대통령 선거벽보

〈그림 8-2〉 국회의원 선거벽보

〈그림 8-3〉 지방자치단체장 선거벽보

(2) 광고

광고란 후보자가 대금을 지불하고 원하는 선거메시지를 원하는 시간에 각종 대중매체를 통해 유권자에게 전달하는 방법이다. 선거에 사용되는 정치광고는 후보자의 능력, 자질, 정책, 이슈 입장 등에 대한 정보를 전달할 수 있다.

또한 후보자에 대한 호의적 이미지를 조성하는 기능과 유권자를 설득하여 지지층을 투표행위로 연결시키는 효과를 가질 수 있다.

광고는 일반적으로 공보에 비해 유권자에게 주는 신뢰감은 떨어진다. 따라서 광고를 선거캠페인에 효과적으로 사용하기 위해서는 다른 선거홍보 수단과 마찬가지로 일관성을 가지고 지속적으로 해야 한다.

광고의 다양한 매체 사이에서도 그 일관성을 유지해야 유권자에게 효과가 있다.

광고는 전파 매체로 TV 및 라디오, 인쇄 매체로 신문과 잡지, 뉴미디어로 인터넷과 케이블TV로 구분되며 매체의 특성 및 장·단점은 〈표 8-2〉과 같다.

구분		특징	장점	단점
전파매체	TV	현장성 속보성 동시성	• 시청자에 대한 소구력이 강함 • 현장감과 친근감이 탁월함 • 청각성과 시각성이 탁월함 • 강력한 메시지 전달이 가능함 • 메시지의 파급효과가 탁월함	• 비용이 높음 • 접촉이 순간적이어서 기록성이 부족함
	라디오	선별성 신속성 유연성	• 시간과 장소에 제한 없이 메시지 전달 가능함 • 타 매체와 연동 시 효과 상승함 • 비용이 낮음	• 청취율이 낮음 • 메시지 전달의 순간 집중도가 저하됨 • 청각에 의존함
인쇄매체	신문	객관성 공정성 중립성 신뢰성	• 신뢰성과 설득력이 강함 • 많은 정보 전달 가능함 • 시간, 장소의 구애가 없음 • 지역별 매체별 다양한 메시지가 가능함	• 메시지 생명력이 짧음 • 일회성이 강함 • 비용이 높음
	잡지	화제성 선별성 세분화	• 공중의 세분화가 가능함 • 메시지의 집중성이 강함 • 지속적인 침투가 강함 • 반복성이 강함 • 설득력이 강함	• 정보의 신선도가 약함 • 시간적인 제한성 • 메시지 즉시성 결여 • 시각 효과 한정됨 • 시급한 광고에 부적당
뉴미디어	인터넷	세분화 속보성	• 멀티미디어 이용 가능함 • 특정계층에 메시지 전달함 • 시 · 공간의 한계 극복함 • 쌍방향 커뮤니케이션 가능함 • 광범위한 홍보 가능함	• 낮은 매체 인지도 • 홍보 효과 측정이 어려움 • 표준화가 어려움 • 사이트 비교가 어려움
	케이블TV	세분화 계층화 전문화	• 효과적인 Media Mix 가능 • 비용이 낮음 • 매체 특성상 표적 세분화가 가능함	• 유권자가 제한적임 • 시청률이 낮음 • 낮은 신뢰성 • 시간의 제약 • 메시지 파급효과가 미흡함

1) TV

TV의 특징은 무엇보다도 효율성에 있고, 넓은 유권자에게 전달될 수 있는 것이 장점이다. 즉 도달 범위가 넓고 많은 사람에게 메시지를 전달할 수 있다.

또한 청각과 시각 측면을 모두 표현 가능하므로 메시지에 대한 임팩트가 강하다. 화면 안에 무궁무진한 창의성을 어떤 매체보다도 많이 발휘할 수 있다. 그러나 비용이 비싸고 반복이 없으면 쉽게 잊혀질 수 있다.

2) 라디오

라디오는 세분화된 유권자에게 도달하기가 용이하며 가격이 타 매체에 비해 저렴하다. 특히, 라디오는 청취율은 낮지만 다른 매체와 함께 할 경우 시너지 효과가 매우 크다는 장점이 있다.

라디오의 또 다른 장점은 TV나 신문 등은 막대한 비용이 투입되는 데 비해 효과가 미미할 수도 있으나, 라디오는 저렴한 비용 및 다양한 프로그램으로 인해 다른 매체가 지원해 주지 못하는 부분을 보완하는 역할을 해낼 수 있다는 것이다.

그러나 주목률이 매우 낮고 방송에 따라 청취자가 비교적 적은 경우가 대부분이라는 단점도 가지고 있다.

3) 신문

신문은 한 번에 대량의 도달 범위를 가지고 있다. 크기나 색, 시기, 표적 등에 융통성이 뛰어나고 또한 자세한 정보전달이 가능하다.

또한 전파매체보다 인쇄 매체의 '활자'에 대한 신뢰성이 높다는 장점이 있다. 신문이라는 매체의 '활자'라는 독특한 장점을 적절하게 이용한다면 매우 좋은 홍보 매체가 될 수 있다

4) 잡지

잡지는 표적 공중의 선별 능력이 강하다. 경우에 따라 품위 있는 이미지 제공이 가능하다는 장점을 가지고 있다.

그러나 도달되는 유권자 1인당의 비용이 크다. 또 경우에 따라 유권자가 지나치게 세분화되어 있을 수 있는 단점이 있다.

5) 인터넷

전통적인 매체인 신문, TV, 라디오, 잡지의 일방향 커뮤니케이션에서 인터넷의 등장으로 시간과 공간을 초월하여 유권자와 쌍방향 커뮤니케이션이 가능해졌다.

유권자는 인터넷을 통해 누구나 자유롭고 신속하게 의견을 개진할 수 있게 되었다. 인 터넷 광고의 종류에 대한 세부적인 사항은 다음과 같이 정리할 수 있다.

① 홈페이지: 학력, 경력, 자신의 활동 소식을 담은 홈페이지를 제작하여 포털 사이트(네이버, 다음, 네이트 등)에 등록하여 유권자가 쉽게 찾아올 수 있도록 조치하는 것이 바람직하다.

또한 불법선거 고발센터 메뉴 활용 및 홈페이지에 문서 외에 동영상 자료를 보강, 네티즌의 호응을 유도하는 것이 바람직하다.

② 블로그: 인터넷 광고하면 먼저 떠오르는 것이 후보들의 홈페이지이다. 그러나 인터넷 검색에서 블로그는 사이트 상위에 위치한다는 장점을 가지고 있다.

또한 홈페이지는 만들기 어렵고 유지하는데 비용이 많이 든다. 그러나 블로그는 구축 및 관리에 비용이 거의 들지 않으며 업데이트가 쉬워 실시간으로 많은 정보를 제공할 수 있다.

스마트폰과 연동하면 스마트폰을 통해서도 편리하게 볼 수 있으며 블로그에 올린 내용을 뉴스레터로 제작하여 유권자에게 이메일로 발송할 수도 있다.

③ E-mail: 입당원서를 받거나 개별 접촉 시 E-mail 주소를 확보하여 홍보자료 및 안부 E-mail을 지속적으로 발송함으로써 지지자 세력화가 가능해진다.

선거운동 정보를 E-mail로 전송하거나 전화를 이용하여 전송할 때에는 선거운동 정보라는 사실과 수신 거부 의사표시를 쉽게 할 수 있는 조치 및 방법에 관한 사항을 명시하여야 한다.

6) CATV(케이블 TV)

케이블 TV가 가지는 장점은 우선 유권자의 확실성이다. 케이블 TV도 기존의 공중파 TV 방송과 같은 영상매체의 특성을 가지고 있으며, TV는 불특정 다수를 대상으로 하고 있는 데 비해 케이블 TV는 지역적 또는 전문 영역별로 보다 세분화된 특성의 유권자를 대상으로 하기 때문에 홍보의 선택성이 높다.

또한 최근 JTBC, TV조선, 채널A, MBN, 연합뉴스, YTN 같은 뉴스전용 케이블TV의 시청률이 점차 증가하고 있어, 이를 잘 활용하면 비용도 절감할 수 있고 홍보 효과를 극대화할 수 있다. 그러나 시청자의 수가 제한된다는 단점이 있다.

(3) 구전홍보

———

구전홍보는 입에서 입으로 전달되는 홍보방식으로 후보자의 인지도, 선호도를 높이고 대세 장악의 분위기를 전달하고 유권자의 동향 파악에 효과적이다. 특히 후보자의 인지도를 높이는 데는 매우 효과적인 방법으로서 표적유권자에 대한 가장 확실한 홍보방법이라고 할 수 있다.

주로 후보자의 인간적 이미지부각, 후보자의 능력, 정책 및 공약에 대한 타당성, 책임성 설명, 선거 분위기 장악 등을 홍보한다. (㈜e원컴(2008), 김능구 폴리뉴스 선거전략 및 홍보전략).

구전홍보 방법은 다음과 같다.

1) 유권자 세분화에 따른 구전홍보팀 구성
□ 30~40대 주부 대상: 30~40대 주부 홍보팀
□ 젊은층 대상: 대학생 및 청년홍보팀
□ 노인 대상: 노인홍보팀
□ 불특정 다수대상: 택시기사 등

2) 세분화된 유권자들이 집중적으로 있는 지역, 장소
□ 30~40대 주부: 시장, 미용실, 네일아트 등
□ 젊은층 및 남성: 전철, 버스, 영화관, 커피숍
□ 노인: 노인정
□ 특정 다수: 택시, 전철, 버스, 커피숍

3) 동심원 방식
□ 후보자 중심의 동심원
후보자 → 배우자/가족/친척 → 참모 → 자원봉사자 → 유권자
□ 자원봉사자 중심의 동심원
자원봉사자 → 자원봉사자 가족 및 연고자 → 자원봉사자 가족의 연고자 → 유권자

4) 전문 구전홍보팀 구성

표적유권자와 부동층 밀집지역에 대한 집중적인 홍보활동을 하는 것도 효과적이다. 이럴 경우, 홍보자료 및 파일을 준비하여 직접 보여주면서 설명하는 방식이 좋다.

(4) 로고송 제작

음악적 이미지 전달매체이다. 선거구민이 즐겨 부르는 대중가요 등이 효과적이다. 캠프 내 결집력 강화를 위한 로고송이 좋으며 정당 로고송의 활용으로 선거 분위기를 조성할 수 있다.

로고송에 많은 비용을 투자할 필요는 없다. 라이센스가 있는 곡은 피하고 라이센스가 없어도 일반적으로 오픈되어 있는 곡을 선정한다 해도 가사를 잘 붙이면 유세 시 적절한 율동과 더불어 큰 효과를 볼 수 있다.

그러나 큰 선거일수록 로고송은 유권자의 마음에 사로잡는 방향으로 신중하게 검토되어야 한다.

2. ON-LINE 홍보

(1) 문자메시지 홍보

많은 유권자들이 사용하는 것이 바로 스마트폰이다. 스마트폰은 선거의 홍보매체로서 매우 중요한 메시지 전달 수단으로 후보에 대한 상세한 정보를 유권자에게 전달할 수 있다.

이러한 스마트폰 선거홍보의 대표적인 것이 문자메시지 및 카톡 홍보이다. 그러나 문자메시지 홍보를 잘못 활용할 경우 후보의 이미지를 실추시키거나 후보 이미지에 역효과를 줄 수 있으므로 주의해야 한다.

문자메시지 발송 방법에는 두 가지가 있는데 하나는 모든 유권자에게 후보자가 소구하고자 하는 일반적인 후보자 정보를 보내는 것이고, 다른 하나는 유권자를 분류하여 집단별로 세분화된 메시지를 제공하는 것이다.

스팸문자로 처리되기도 하지만 메시지 내용을 한번은 봐야 하니 그것으로 의미는 있다. 이메일보다 발송이 간편하고 메시지 열람률이 높다는 점에서 장점이 있다.

카톡에는 제한이 없으나 문자메세지는 단문과 장문메세지로 구분되며 단문메세지는 최대 80자까지 핵심키워드만 신속하게 보낼 때 유용하다. 장문메세지는 보다 상세한 설명뿐만 아니라 블로그나 유투브 링크를 걸어 사용하기 좋은 장점이 있다.

———

(2) SNS 홍보

SNS(Social Networking Service)는 웹상에서 지인과의 인맥 관계를 강화시키고 새로운 인맥을 쌓으며 폭넓은 인간관계를 형성할 수 있도록 해주는 서비스로 개인이 중심이 되어 자신의 관심사와 개성을 다른 사람과 공유 및 소통할 수 있어 바이럴마케팅의 유효한 수단으로 사용된다.

공직선거법상 후보자 또는 선거운동 기간 중 선거운동을 할 수 있는 자가 자신의 트위터 계정에 지지호소, 활동상황, 공약 등 선거운동 내용을 게재할 경우에는 시작되는 부분에 '선거운동정보'라고 표시하여야 한다.

SNS의 종류는 트위터, 페이스북같이 개방형 SNS가 있고 폐쇄형인 밴드, 카카오스토리, 인스타그램, 빙글, 커플끼리 사용하는 비트윈, 교사 학부모 학생들이 사용하는 교육 SNS 클래스팅 등 많은 종류가 있는데 여기서는 대표적인 SNS 몇 개만 소개한다.

1) 트위터(twitter)

트위터(twitter)는 트위터를 이용하는 사람들끼리 서로 관계(following, follower)를 맺고 컴퓨터나 스마트폰 등을 이용하여 실시간 커뮤니케이션(글 게시 및 링크를 통한 동영상 중계 등)이 가능한 최초의 SNS이다.

트위터를 사용하는 후보자가 자신의 트위터 계정에 글을 게시하면 정보시스템에 의하여 지지자(follower)의 트위터 계정에 실시간으로 자동 전송되고, 지지자의 수신 의사 및 통신요금부담에 의하여 특정 팔로잉의 게시글은 휴대전화 문자메시지로도 실시간 수신할 수 있다.

트위터는 컴퓨터나 스마트폰으로 글을 게시하거나 받아 볼 수 있는 특성을 보유하고 있고, 자신이 받은 글을 쉽게 리트윗(retweet) 할 수 있어 팔로어를 통하여 빠르게 전파할 수 있는 기능이 있다.

2) 페이스북

현재 한국에서 가장 활동률과 파급력이 높은 SNS라고 할 수 있으며 친구제한이 5천 명으로 한정되어 있으나 단시간에 친구 추가를 할 수 있고 5천 명이 넘으면 팔로워를 해서 소식을 계속 받아 볼 수 있도록 구성되어 있다.

친구와 지인까지 간단하게 사진이나 이름 검색으로 쉽게 찾아볼 수 있고 페이지와 그룹을 만들어서 정보를 전달할 수 있다. 그룹은 같은 관심사를 갖은 사람들이 활동을 잘하며 페이지는 정보 전달을 할 수 있다.

페이스북의 특징은 불특정 다수와 관계 맺기, 공개적이고 개방적인 소통, 자유로운 주제, 텍스트 중심으로 특징된다.

선거에 가장 유용하게 메시지를 확산하는데 좋은 SNS라 할 수 있다.

3) 카카오스토리

카카오스토리는 페이스북과 더불어 국내에서 많은 분들이 사용하고 있는 폐쇄형 SNS로 초반에 인기를 많이 끌었는데 가까운 친구의 사진이나 영상을 빨리 볼 수 있는 장점을 가지고 있다.

처음에는 10대부터 40~50대까지 전 연령대에서 좋은 호응이 있었는데 요즘은 젊은층이 조금씩 빠져나가고 있는 추세라 할 수 있고 중 장년층이 강세를 띄고 있다. 주 사용층은 30대 주부로 육아와 관련된 내용과 공구 관련 내용이 많이 진행되고 있다.

4) 밴드

밴드는 스마트폰이 보편화되고 모바일의 비중이 강화되면서 만들어진 SNS로 다른 SNS와 다르게 폐쇄적인 성격을 띄고 있다. 현재 40대 이상 노년층의 이용횟수가 훨씬 많기는 하지만 10~20대도 특정 모임의 활용도로 쓰이고 있다.

관심사와 나이 취미가 같은 오프라인 모임이나 동창회 같은 모임을 형성해서 정보를 공유하는 데 유용하게 활용된다.

선거에서 지지층의 결집 및 확산에 기여하고 일관된 메시지를 전달하는데 유효하게 활용되어지고 있다.

5) 인스타그램

인스타그램은 젊은층이 주로 사용하는 SNS로 자신이 찍은 사진을 공유하는 SNS라 할 수 있으며 시각적으로 보기 편하도록 구성되어 있다.

또한 자신이 마음에 드는 상대를 팔로워하고 계속 소식을 받아볼 수 있어 페이스북과 트위터의 기능을 같이 가지고 있다고 볼 수 있으며 젊은 층을 겨냥해서인지 소통이 굉장히 빠른 장점을 가지고 있어 그 파급력이 점점 증가하고 있다.

3. 전화홍보

전화홍보(Tele-Marketing)는 호별 방문이나 홍보물 규제를 감안할 때, 간편하고 효율적이고 탁월한 방법이다. 보통 전화홍보요원이 일반 운동원보다 더 많은 유권자를 접촉할 수 있고, 즉각적인 피드백과 쌍방향 커뮤니케이션이 가능하다.

또한 전화홍보 중 유권자의 욕구, 만족도를 점검하고 새로운 정보를 제공하여 유권자들의 호의적 반응을 유도할 수도 있다.

전화홍보팀은 성실성과 후보자와의 일체감이 관건이라고 할 수 있다. 전화홍보팀은 선거법에 위반되지 않도록 반드시 선거사무소 내에 위치하여야 한다.

1) 전화홍보의 장점
① 전화홍보는 즉각적으로 피드백 된다. 전화는 쌍방대화이므로 어떤 면

에 효과가 있는지 없는지 즉각 알 수 있다.

② 운용에 탄력성이 있다. 시행 도중이라도 효과가 없는 부분은 언제든지 쉽게 바꿀 수 있다.

③ 전화홍보를 다른 선거운동과 결부시켜 실시하면 상승효과가 있다. 지역 순방이나 연설회 전후에 그 지역에 대한 집중 전화홍보를 실시하면 더 효과적일 수 있다.

2) 전화홍보의 준비사항

선거 규모에 맞는 임시 전화를 개설하고 전화 부스를 설치한다. 휴식 공간과 별도자료를 마련하고 주요 통화대상자 리스트를 작성하며 선거구 내의 전화보유 세대별 조사 및 선거운동원이 제출한 후보 지지자 명단을 입수한다.

후보 주변 인사가 추천한 인사 명단과 후보자 신상, 이슈에 대한 우리 측 입장, 정강, 정책자료, 기본적 설득기술, 각종 기록 및 보고 지침을 작성하고 이를 교육한다.

3) 홍보 요령

통화보고서, 성향분석에 따른 홍보전략 수립 시 지지, 중도, 반대, 기타(부동층)로 분류 후 지적사항과 후보자에 대한 주요 경력사항과 공약, 홍보논리 등을 메모·숙지한다.

전화 명부를 보고 응답자의 인적사항(출신지, 성별, 사는 지역, 연령 등)을 확인한 후 상대방에 맞춰 적절히 대응하고 시간대별 홍보계층을 선정 관리한다.

4) 유의사항

① 상대방이 전화를 끊은 것을 확인 후 전화기를 내려놓아야 한다.
② 목소리의 높낮이를 조절하고 억양에도 신경 쓴다.
③ 상대방 이야기에 정면 반박은 피한다.
④ 감정을 관리하고 답변을 주어야 하는 통화번호는 표시 후 나중에 후보자 또는 사무장이 직접 통화한다.
⑤ 전화홍보 기획, 감동하는 전달자를 두어 효율적 실행

5) 전화홍보 방법

전화홍보 방법은 〈표 8-3〉과 같다.

〈표 8-3〉전화홍보 방법

구분	내용	
첫인사	안녕하십니까? 이번 OO 선거에 출마한 OO당 기호 O번 OOO 후보입니다.	
유권자 반응	호의적 유권자	부정적 유권자
	예, 정말 감사합니다. 기호 O번 OOO 후보 열심히 하겠습니다. 많이 도와주십시오. 감사합니다.	예, 정말 실례하였습니다.
	애매한 유권자	통화기피 유권자
	정말 감사합니다. 지역에 맞는 OO정책을 앞세운 기호 O번 OOO 후보가 최고의 적임자입니다. 지역 OO정책으로 지역의 발전시킬 기호 O번 OOO 후보를 지지해 주시기 바랍니다. 열심히 하겠습니다.	실례 많았습니다. 기호 O번 OOO 후보를 기억해 주십시오. 감사합니다.
마지막 인사	예, 고맙습니다. 선거일인 O월 O일 꼭 투표해 주시기 바랍니다. 감사합니다. 안녕히 계십시오.	

정책본부

정책본부는 정책 및 공약개발, 지역 유권자 애로사항 및 건의사항 파악, 이슈 개발, 전체 및 구역, 지역별 맞춤형 정책 및 공약 등을 수행한다.

1. 정책과 공약

(1) 정책

정책이란 "정당이나 후보자가 선거승리의 목표를 달성하기 위하여 마련한 장기적인 행동지침" 또는 "목표달성과 문제해결의 수단으로 지역문제를 바람직한 상태로 해결하기 위해 취하는 일련의 행위이며 개인의 문제를 포함하지 않으면서 사회가 당면하고 있는 문제가 바로 정책"이라고 할 수 있다.

1) 정책의 성격

정책의 개념을 보다 명확하게 이해하기 위해서 정책이 가지는 성격을 살펴보기로 한다.

① 정책은 '마땅히 있어야 할 것', '당연히 바람직한 것'을 찾아서 구현시키려는 의도이다.
② 정책은 그 행동의 주체가 정당 또는 후보자이기 때문에 공공성을 내포하게 된다.
③ 정책은 미래의 바람직한 목표를 제시하는 것이지 결코 당면한 현재 문제만을 해결하려는 것이 아니다.
④ 정책은 장래의 바람직한 현상에 도달하기 위한 의도적인 행동이다.
⑤ 정책은 유권자에게 서로 상반되는 영향을 미치는 경우가 많다. 즉 정책에 따라서는 그로부터 혜택을 받는 유권자들이 있는가 하면, 반대로 손해를 보는 유권자들도 있게 된다. 따라서 정책의 영향은 양면성을 띤다고 볼 수 있다.

2) 정책본부의 구성

선거조직에서 정책본부는 분야별 책임자를 두고(지역별 사안별로 분류될 수 있으며 사람에 따라 겸임 가능하도록 조정) 각 조직의 지역별 책임자와 미팅을 통해 지역별로 정책을 개발·수정하고 이미지팀과 협의하여 언론 및 홍보에 반영한다.

정책본부는 분야별 1명 이상 구성하고 매일 전체회의를 통하여 상대방 후보의 정책과 대비하여 차별화하고 항상 자료를 수집해야 한다.

정책을 입안하는 사람은 보통 혼자 또는 몇 명이 정책을 수집·정리하는 경우가 많으나 정책을 수집·정리한 후 조직원이 현장에서 듣고 토론하는 과정에서 나오는 정책들이 안건으로 올라오면 의사결정 그룹의 협의를 거쳐 정책에 반영할 수 있도록 소통되는 시스템이 갖춰져야 한다.

시스템적으로 이러한 체계가 갖춰져 있지 않다면 현장의 소리는 공허한 메아리가 되어버릴 것이고 이와 관련된 사람들은 배신감을 갖게 되고 훗날 신뢰성이 떨어져 이미지를 실추하게 되는 결정적인 요인으로 작용하게 된다.

정책을 입안하는 사람은 현장이자 조직과 항상 소통하여 그 의견이 반영될 수 있는 조직체계를 갖추어 보다 실질적인 정책 대안을 만들어 낼 수 있도록 노력해야 한다.

3) 정책수립 과정
정책수립에 있어서는 지역정책과 구역정책으로 나누어 정책을 개발하여야 한다(〈그림 9-1〉 참조).

〈그림 9-1〉 선거정책 수립 과정

선거에 출마하는 후보자의 입장에서는 정당정책도 중요하지만 그보다 더 중요한 것이 바로 지역정책과 구역정책이다. 후보자가 속해있는 정당의 정책을 기본으로 하여 지역정책 및 구역정책을 수립한다.

선거 후보자들은 지역 민심을 파고들지 못할 경우 당선이 어렵기 때문에 지역정책에 관하여 관심을 기울여야 하며 강력한 지역정책을 구사하여야 한다.

지역정책은 구역정책보다 폭넓은 의미의 정책을 의미한다. 예를 들면, 광역단체장의 경우 시·도 전체에 관한 정책을 구사하는 것으로 '지역 일자리 창출', '지역 교육환경 개선' 등과 같은 정책이 지역정책이다.

구역정책이란 군·구 단위의 세부적인 정책을 말하는 것으로 원활한 교통을 위한 도로 및 토목공사 등과 같은 정책을 말한다.

(2) 공약

공약이란 선거 때 입후보자나 정당이 유권자에게 행하는 공적인 약속이다. 정당은 당의 강령을 주어진 상황하에서 보다 구체화한 공약을 발표하며, 입후보자는 소속정당의 정책에 기반을 두고 이에 개인적인 사정을 가미하여 공약을 내건다.

모든 선거 그리고 아무리 작은 지방선거라 하더라도 유권자가 모든 입후보자의 의견이나 능력 또는 경력에 대하여 충분히 알 수 없기 때문에 보통의 경우 입후보자의 공약에 의하여 그 입후보자의 정견이나 인물을 파악하게 된다.

따라서 공약은 투표의 중요한 선택 기준이 되며 책임정치의 중요한 구실을 하게 된다.

그러나 공약은 선거를 위한 공약으로 되어버리거나 소속정당의 정책과는 관계없는 개인적인 선심 공세로 되어버리는 경향이 있다.

(3) 캐치프레이즈

캐치프레이즈를 세우기 위해서는 다음과 같은 사항을 준수하는 것이 우선이다. 캐치프레이즈는 표현이 간결하고 눈에 띄기 쉬워야 한다.

후보자의 경력과 능력에 부합되고 공약의 핵심을 단적으로 표현하여야 한다. 그리고 유권자의 정서와 감정을 움직일 수 있고 인상적이고 강력한 것이어야 한다.

또한 선거구호는 후보자의 이미지, 정견, 이슈 등 모든 것을 간결하게 압축해서 전달해 주는 수단이다.

선거구호는 누구에게나 저항과 반발 없이 수긍되는 내용으로 새롭고 생생한 언어로 매력적 요소가 포함되어야 한다. 그리고 한번 선정하면 자주 바꾸어서는 안 된다.

캐치프레이즈(예시)는 다음과 같다.

- 사람 사는 000.
- 000과(와)의 약속 반드시 지킵니다.
- 준비된 000.
- 신뢰와 믿음을 담습니다.
- 누가 000를 이끌어야 하겠습니까? 역시 000입니다.
- 노동자, 서민의 대표 000입니다.
- 000의 운명이 바뀌고 있습니다.
- 속 시원한 변화, 살맛 나는 000.
- 서민의 고통 해결, 000의 개혁.
- 사람 중심의 000, 경제 중심의 000.

※ 캐치프레이즈(예시)

2. 매니페스토

매니페스토는 선거와 관련하여 유권자에 대한 공약의 목표와 이행 가능성, 예산 확보의 근거 등을 구체적으로 제시한 공약을 말한다.

평가 기준은 공약의 구체성(Specific), 측정 가능성(Mea surable), 달성 가능성(Achievable), 타당성(Relevant), 기한명시(Timed)의 5가지가 있다. 이 다섯 가지의 영어 첫 글자를 따서 '스마트(SMART)지수'로써 공약을 분석 및 평가한다. 또한 공약의 지속성(Sustainability), 권한 부여(Empower ment), 지역성(Locality), 후속조치(Following) 의 첫 글자를 딴 셀프(SELF) 지수도 평가의 기준으로 삼는다.

이를 통하여 선거에 승리한 정당이나 후보자에게 이행에 대한 책임을 묻게 되는데 이행 정도에 따라 다음 선거에도 영향을 끼친다. 이러한 지표는 유권자와 밀접한 선거인 지방선거에서 더 의의가 있다.

한국에서는 2000년에 전개되었던 낙천·낙선운동의 연장 선상에서, 2006년 5월 31일의 지방선거를 계기로 후보자들이 내세운 공약이 구체성을 띠고 있으며 실현 가능한지, 곧 '갖춘 공약'인지의 여부를 평가하자는 매니페스토 운동이 시민단체를 중심으로 전개되었다.

선거는 민주주의의 꽃이다. 정당과 후보자의 가치와 철학, 정책 대안들을 지역주민 스스로 선택하는 과정이다. 선거 매니페스토(elect manifesto)는 표를 얻기 위한 거짓말을 응징하는 운동이다.

선거에서 국민들의 의사가 정책공약에 전혀 반영되지 않는다면 선거는 후보들만을 위한 시끄러운 이벤트에 불과하게 된다. 또한 국민들의 의사가 전혀 반영되지 않고 급조되어 만든 공약과 빈약한 정책 아이디어와 콘텐츠를 가지고 일부의 엘리트들이 책상머리에서 만든 설익은 정책공약은 집행과정에서 천문학적인 사회갈등비용을 초래한다. (www.menifesto.or.kr).

혜택은 늘리고 부담은 줄이겠다는 표를 얻기 위한 거짓말과 무엇이든 다 해주겠다는 백화점식 나열 공약, 따뜻한 곳만을 찾아 날아가는 철새 정치인과 무분별한 계파 줄서기, 국민보다는 정략과 개개인의 이해가 앞서는 술수 정치를 막기 위해서는 현명한 유권자의 힘이 필요하다.

(1) 선거이슈

선거이슈는 후보자가 유권자들의 투표에 영향을 미치기 위해 제시하는 지역 현안이나 정책으로 후보자의 정체성과 정치적 입장을 전달하는 수단이다.

유권자는 후보자 이미지, 공약, 이슈 등을 종합적으로 판단하여 지지후보를 결정한다. 이들 변수 가운데 이슈의 영향력이 상대적으로 작기는 하지만 이슈가 투표 결정에 상당히 결정적인 영향력을 미친다는 것은 여러 선거를 통해 밝혀졌다.

이슈는 경쟁후보와 차별화하여야 한다. 유권자는 이슈를 통해 후보 간 정치적 견해나 입장의 차이를 비교한다. 또한 이를 통해 후보에 대한 지지를 유지하거나 철회할 수 있다.

이슈는 후보의 이미지를 형성·변경한다. 예를 들면, 보수에서 꾸준한 복지 정책을 이슈화하는 것은 중간층을 공략하고 중도적 이미지를 강화한 이슈전략이다.

이슈는 유권자의 관심을 불러일으켜 투표율을 상승시킨다. 후보가 이슈를 제기하고 해결하는 과정에서 이슈와 관련된 조직의 지지를 얻을 수도 있다.

1) 우리나라 선거에서 이슈의 중요성

① 경기부진, 실업문제, 사회의 양극화 등의 심화로 고통받고 있고 이를 해결할 수 있는 정책과 비전, 리더십을 요구하고 있기 때문이다. 2010년 이후 복지이슈가 정치권의 최대 화두가 되고 있다.

② 선거승리를 위해 반드시 확보해야 하는 중간층이 늘고 있고, 이들이 이슈에 민감하기 때문이다.

③ 실제 정책과 공약을 보고 지지후보를 선택하는 유권자가 증가하고 있기 때문이다.

④ 과거 돈과 조직에 의존하던 선거행태가 TV,. 인터넷, SNS 등을 이용하는 미디어 선거로 바뀌고 있기 때문이다. 특히 SNS 이용이 급증하면서 이슈의 중요성이 더 커지고 있다.

2) 이슈의 종류

이슈에는 다음 네 가지 이슈가 있다.

① 국가적 이슈는 전 국민의 관심을 불러일으키는 이슈를 말한다.

② 정치적 이슈는 정치체제, 선거제도와 선거 과정, 정치 운영이나 정치적 리더십 등 정치현안과 관련된 이슈를 말한다.

③ 지역적 이슈는 선거구 유권자가 특별히 관심 있는 비교적 협의의 이

슈를 말한다.

⑤ 후보 개인 이슈는 후보 개인의 경력과 자질, 도덕성, 이념적 성향 등과 관련된 이슈를 말한다.

3) 이슈의 차별성

그동안 우리나라 선거에서는 주로 정치적 이슈들이 선거이슈의 중심을 형성해왔다. 지역주의의 영향과 정책이슈의 차별성이 두드러지지 못하는 정치 구도 하에 정책적 이슈보다는 정치적 이슈가 선거에 큰 영향을 미쳐왔기 때문이다.

또한 세종시 문제, 4대강 사업, 무상급식, 노인연금 등에서 보듯이 정책적 이슈가 정치적 이슈로 전환되기도 한다. 한미 FTA 역시 정책적 이슈이지만 정부 여당이 무리하게 추진하는 과정에서 리더십 문제와 결부되면서 정치적 이슈로 바뀐 경우다.

뉴스 미디어들이 선거이슈 가운데 정책적 이슈나 후보 개인 이슈보다 정치적 이슈를 가장 많이 보도하는 것으로 나타났다. 따라서 이슈를 제시할 때에는 정책적 이슈나 후보 개인 이슈를 정치적 이슈로 만들어야 언론보도에 유리하다.

도전후보의 입장에 있다면 정책적 이슈를 정치적 이슈로 만들어야 한다. 선도후보의 경우 이슈 없이 선거가 끝나거나 만약 이슈가 제기되더라도 정치적 이슈로 비화되지 않도록 해야 한다.

(2) 선거이슈 관리과정

1) 이슈 확인

이슈의 확인은 신속하면 좋다. 이슈가 아직 가시화되기 전에 혹은 소수에게 노출되었을 때가 이슈를 확인하는 적합한 시기이다. 왜냐하면 일단 이슈가 위기상황으로 발전하게 되면 처리되지 못하거나 문제해결에 막대한 노력이 필요하기 때문이다.

이슈를 확인하기 위해서는 현재 논의되는 이슈를 중심으로 사회 · 정치 · 경제적 환경을 탐색하는 것으로부터 시작한다.

선거의 승패를 좌우할 만한 이슈로 확인되면 구체적인 여러 가지 방법을 동원한다. 즉 여론조사, 언론분석, 여론형성층의 태도분석, 전문가의 의견 청취, 지역주민의 의견 수렴 등 다양한 방법으로 탐색하는 것이 중요하다.

2) 이슈분석

이슈분석 시에는 다음과 같은 사항을 고려해야 한다.

① 이슈가 얼마나 빠른 시간 내에 노출될 것인가?
② 이슈가 선거에 미칠 영향은 무엇인가?
③ 이슈와 관련하여 유권자들은 어떻게 처리하기를 기대하는가?
④ 이슈를 관리하지 않을 경우 치러야 할 대가는?

3) 이슈에 대한 전략 개발

이슈에 대한 전략 개발을 위해서 먼저 이슈가 언론의 공공의제가 되기 이전에 이를 막고 실행에 옮기는 것이다. 또한 이슈에 대한 정의를 하고 이슈의 성격이 통제 가능한 것인가를 판단한다. 이를 통하여 후보자가 정보를 어떻게 통제하고 유용하게 사용할 것인가를 계획하는 것이다.

4) 이슈 실행계획 개발

이슈에 대하여 승인된 후보자의 정책 입장과 일치하는 구체적인 이슈 실행계획을 개발하는 단계이다. 후보자는 이슈 해결 과정에서 언제 개입할 것인지를 결정하는 계획을 수립하고 행동 방향을 결정한다.

5) 전략 이행

이슈와 관련된 후보자의 입장을 공식적으로 표명하고 실행계획을 이행하는 과정이다. 후보자는 일관성 있게 커뮤니케이션하는 것이 중요하다. 선거캠페인을 할 때 의회나 정부의 홍보활동, 지역 유권자와의 관계 형성 등이 포함된다.

6) 평가

평가는 유권자에게 미친 영향에 의해서 평가되기 때문에 선거캠페인이 유권자에게 도달되었는가 또는 선거캠페인의 장·단기 전략들이 서로 부합하는가 하는 기준에 의해 결과를 평가할 수 있다.

제10장

언론본부

1. 대언론관계

언론과 우호적인 관계를 형성하는 것은 후보자가 제일 먼저 해야 하는 것으로 인지도 향상에 매우 기본적인 활동이다.

(1) 언론과의 관계

후보자는 언론과 형성된 우호적 관계를 유지 및 발전시켜 향후 선거캠페인에 효과적으로 활용해야 한다. 그러기 위해서는 언론과 기자의 속성에 대한 현실적인 이해를 바탕으로 적극적으로 움직여야 한다.

기자와의 우호적인 관계를 형성하기 위해서는 기자에 대한 불필요한 선입견을 버려야 한다. 기자는 일반적으로 사회 현상에 대한 정보에 밝고 주장이 강할 뿐 보통사람들과 다를 바 없다. 따라서 상식에 의거하여 인간적으로 신뢰를 형성하는 것이 좋다.

기삿거리는 이슈화, 이벤트화, 차별화하여 언론의 관심을 끌어야 한다. 한마디로 기사가 되게 만들어야 한다. 기자는 항상 특별한 의미를 찾으려고 노력하기 때문에 항상 신뢰를 형성하고 깨지 않으려고 노력해야 한다.

유리한 선거환경을 조성하기 위해 자료집을 성의 있게 만들어 언론기관에 배포하는 것이 중요하다. 인지도가 낮은 후보자는 처음 인지도를 형성하기 위해 작성하고, 일정한 인지도를 확보한 후보자는 기선을 제압하기 위해 필요하다.

(2) 대변인단 운영

대변인이란 어떤 사람이나 단체를 대신하여 보도자료를 작성하고 조직 또는 정치인의 의견이나 태도를 발표하는 역할을 하는 사람이다.

대변인은 조직의 크기와 선거의 규모에 따라 대변인의 규모가 달라질 수 있는데, 보통 언론기관에서 근무한 경험이 있거나 언론의 속성을 잘 알고 있는 사람으로 정제된 언어를 구사할 수 있어야 한다.

대변인은 기자들과의 언론 플레이가 중요하기 때문에 언론과의 관계가 좋아야 하며 임기응변 능력도 좋고 어느 정도 정치적 감각이 있는 사람으로 선정해야 한다.

(3) 보도자료

___

가장 일반적으로 사용하는 언론관계 방법이 바로 보도자료(news release)이다. 보도자료란 후보자가 뉴스가 될 만한 내용을 매체 측에 전달하는 것으로 신문, 잡지, TV, 라디오, 인터넷, CATV 등에 기사용 자료를 제공하는 것이다.

이렇듯이 보도자료는 정부, 정치인, 조직, 기업의 활동과 관련된 내용이 대중매체에 의해 기사화되었느냐가 홍보의 목표달성을 가름하는 기준이 되기도 한다.

1) 보도자료의 종류

① 보도기사(Straight News) 자료: 후보자와 관련하여 시의성 있는 뉴스전달을 목적으로 한다. 역삼각형 형태의 문장으로 써서 언론사에 제공한다.

② 기획해설기사 자료: 어떤 문제에 대한 분석과 전망을 제시하여 이해전달을 목적으로 한다. 박스 기사처럼 기사 대형화를 노린다.

③ 피쳐 스토리(Feature Story) 자료: '읽을거리 기사'라 부른다. 사실 그 자체에 대한 전달보다도 이면에 숨어있는 이야기나 화젯거리를 중심으로 써서 흥미를 주는 데 목적이 있다.

④ 캡션(Caption) 자료: 사진을 게재함으로써 전달 효과를 높이기 위해 사

용한다. 이때 사진 한 컷과 그에 적합한 사진 설명을 덧붙이는데, 사진과 해설 기사만으로는 게재확률이 높지 않으므로 별도로 보도기사를 추가하는 것이 일반적이다.

2) 보도자료 작성법

보도자료가 어떤 특정한 형식이나 구성을 가질 필요는 없으나 보도자료의 작성 시 다음과 같은 형식에 의해 작성되어야 한다.

① 보도자료의 출처 혹은 뉴스원을 밝힌다.

② 보도자료는 가능한 한 장으로 정리한다.

③ 보도자료는 사실을 요점 위주로 작성한다.

④ 부가적인 정보는 말미에 추가한다.

⑤ 보도자료는 전국지, 지방지, 전문지 등을 별도로 다르게 작성한다.

⑥ 보도자료는 보도기관과 청중 연관성을 가지고 작성한다.

⑦ 전파 매체와 인쇄 매체, 뉴미디어에 따라 상이하게 작성한다.

> ※ 보도자료는 사실에 근거한 요점 위주로 다음과 같은 5W 1H에 의거하여 작성한다.

① 누가(Who): 여기서 누구는 소속 정당이나 후보자 자신이다.

② 무엇을(What): 보도자료의 주제는 무엇인가? 편집자가 추가로 정보를 필요로 하지 않게끔 구체적으로 기술하여야 한다.

③ 어디에서(Where): 이것이 어디에서 일어난 일인가? 만일 선거유세가 광화문광장에서 열린다면 여기서 '광화문광장'이 '어디'에 해당된다.

④ 언제(When): 뉴스는 보통 즉각 보도용이다. 이 점을 구체화해야 한다. 날짜를 구체적으로 쓰는 것이 중요하다. 편집자로 하여금 보도자료

가 언제 발송될 것인지 알 수 있도록 날짜를 명기하라.

⑤ 왜(Why): 보도자료를 보내는 이유를 밝혀라.

⑥ 어떻게(How): 구체적으로 기술하라. 보도자료의 주제는 어떠한 작용을 하는가? 그 행사는 어떻게 진행되는가? 보도자료의 주제가 어떻게 시장에 부합되는가? 등 보도자료가 구체적인 사항을 제공하면 편집자가 작성하기가 훨씬 쉬워진다.

3) 보도자료의 전달

보도자료는 게재하고자 하는 매체의 담당 부서 또는 담당자에게 정확하게 도달했을 때 비로소 기사화의 가능성이 생긴다.

아무리 뉴스 가치가 좋은 자료도 엉뚱한 부서로 전달되면 쓰레기통으로 들어가기 십상이다. 반드시 보도자료의 성격에 맞는 매체의 담당 부서와 담당자를 미리 확인하고 보내야 한다.

신문을 상대로 보도자료를 보낼 때는 어느 신문에는 보내고 어느 신문에는 보내지 않으면 나중에 문제가 생긴다. 특별한 경우가 아니면 동종매체에 공평하게 보도자료를 제공하여야 한다.

신문의 경우 아무리 늦어도 마감으로부터 시간적으로 여유가 있어야 편집자가 기사를 배치할 수 있다. 당장 게재해야 되는 단신 거리는 팩스를 이용해 전달하는 것이 좋다.

단신 자료를 보내는데 보도 예정 3~4일 전에 보낸다면 이것은 문제가 된다. 특별히 중요한 뉴스가 아니라면 그 자료를 보내기 위해 3~4일을 간직하지는 않는다.

사진이 함께 들어가는 보도자료일 경우 보도일 전날 일찍 자료를 들고 매체사에 직접 방문하여 접수시키거나 이메일로 보내고 직접 확인 전화한다.

그러나 기자의 세부적인 취재가 뒤따라야 할 자료라면 보도 희망일보다 적어도 일주일 전에 보내야 한다.

일반적으로 보도자료는 전화, 팩스 및 E-mail을 동시에 이용하는 것이 좋다. 보도자료를 받을 부서와 담당자명을 정확히 기입하여 보내면 된다.

그러나 사진을 첨부한 보도자료나 기획기사 등 며칠간의 여유를 필요로 하는 자료는 직접 전달 방법을 택한다.

2. 인터뷰 및 기자회견

(1) 인터뷰

1) 인터뷰의 개념

인터뷰(interview)란 기자와 직·간접적으로 접촉하여 대화형식으로 진행하는 커뮤니케이션 활동을 말한다.

기자가 인터뷰를 요청하면 반드시 다음 사항을 확인해 두어야 한다.

인터뷰의 목적은 구체적으로 무엇인가?
인터뷰를 위해 어떤 내용을 준비해야 하는가?
사진을 찍을 준비를 해야 하는가?
관련 자료나 사진을 준비할 필요가 있는가?

2) 성공적인 인터뷰를 위한 유의사항

주제를 탐색해야 한다. 인터뷰할 때 기자가 후보자에게 질문하고자 하는 이슈나 분야에 대한 사전 지식과 질문하고자 하는 내용을 미리 순서대로 준비해야 한다.

인터뷰하는 도중 초고를 작성할 것인가, 아니면 기억력에 의존할 것인가를 결정해야 한다.

경청할 줄 알아야 한다.

인터뷰 시 기자에게 후보자의 심층적인 확신을 주도록 노력해야 하며, 중요한 내용은 반드시 기자에게 다시 한번 확인해야 한다.

인터뷰가 끝난 뒤엔 감사의 표시를 하는 것을 잊지 말아야 한다.

인터뷰 기사는 기자의 메모를 기초로 재구성하는 것으로, 인터뷰 기사의 오보는 대부분 기자의 실수에 기인한다.

인터뷰하는 후보가 말을 장황하게 늘어놓거나 초점을 잡지 못할 때 기자의 메모 실수가 발생한다. 따라서 정확한 기사 전달을 위해서는 기자의 질문에 대해 짧고 분명하게 답해야 한다.

잘 모르는 질문을 할 경우 즉시 답하는 것을 피해야 한다. 섣불리 아는 척하여 불리한 기사를 자초하지 말아야 한다. 잘 모르는 문제는 나중에 사실을 좀 더 조사하여 알려 준다고 답변하여 넘어갈 수 있다.

3) 인터뷰의 구분

① 대면 인터뷰: 기자와 후보자가 직접 만나서 하는 인터뷰이다. 장소와 시간 등 환경적 요소가 영향을 줄 수 있으며 후보자의 분위기, 말하는 자세, 표정, 몸짓 등도 의미를 전달하는 도구가 되므로 이에 대한 세심한 관찰과 기록이 필요하다.

② 탐방 인터뷰: 후보자가 사는 곳이나 시간을 주로 보내는 곳에서 인터뷰하는 것이다.

③ 전화 인터뷰: 전화를 통해 후보자와 대화를 나누는 방법이다. 장소와 시간에 제약을 받지 않는 장점이 있으나 상대방의 모습을 보지 못하고 정보를 목소리에 의존해야 한다는 단점이 있다.

④ 서면 인터뷰: 물리적으로 면담이 불가능한 경우에 시도하는 인터뷰이다. 대면 인터뷰를 보충하는 서면 인터뷰는 미리 질문서를 보내 답하게 하고 만나서 그중 몇 가지를 직접 물어보는 식으로 진행한다.

⑤ E-mail 인터뷰: 인터넷 시대를 맞아 급증하고 있는 인터뷰 방식이다.

(2) 기자회견

1) 기자회견의 개요

기자회견이란 일정한 장소에 기자를 불러 어떤 주제에 관한 입장을 밝히고 대화를 나누는 행사이다. 후보자나 대변인이 기자들과 대면하여 후보자의 정책 및 활동 소식을 발표하거나 어떤 이슈에 관한 사항을 말하기도 한다.

다시 말해, 기자회견은 정견, 이슈에 대한 자신의 입장, 후보자와 관련된 사건과 같은 중대 뉴스와 관련하여 정보를 유출하는 것이라고 할 수 있다.

이러한 기자회견은 보도자료 보다는 중요하며 효과적인 선거활동이다. 기자의 질문에 대한 충분한 자신이 없으면 실시하지 않는 것이 좋다. 아울러 기자들을 상대로 한 일종의 이벤트 행사 자체의 준비에도 신경을 써야 한다.

아무 때나 기자회견을 하는 것은 아니다. 간단한 뉴스거리를 제공하는 것이거나 어떤 문제에 관한 성명발표라면 보도자료로 처리해야 한다. 보도자료로 처리할 사안을 가지고 바쁜 기자들을 모이게 하는 것은 커다란 실수이다.

기자회견은 발표하는 정보 소재의 내용에 따라서 형식적으로 기자회견, 기자발표, 기자간담회 등의 세 가지로 나누기도 한다.

기자회견과 기자간담회의 차이점은 기자회견은 어떤 시점에서 발표하고 싶은 뉴스만을 위해 개최하는 반면에, 기자간담회는 그런 긴급성이나 특성이 없는 것을 뜻한다. 그리고 기자회견과 기자발표는 유사한 형식이다.

2) 기자회견 실시 시기

기자회견은 다음과 같은 사항에서 실시한다.

① 중대한 사건에 후보자의 공식적인 입장을 요구할 때

② 중요사안과 관련된 후보자가 그 사안에 대한 입장을 위한 문제해결을 위한 프로그램을 제시할 때

③ 선거캠페인에서 중요한 행사를 개최할 때: 예를 들면, 주요 정당의 신년 기자회견, 주요 이슈에 대한 기자회견 등이 이에 해당한다.

④ 매우 난해한 문제가 발생할 때 이에 대한 전문가의 자세한 설명이 필요할 때: 예를 들면, 환경부에서 한강의 오염에 관해 발표했을 때, 이와 같은 발표가 문제가 있다고 판단되면 후보자는 환경단체와 같은 관련 기관에서 이를 반박하는 기자회견을 열 수 있다.

3) 기자회견의 절차

기자회견의 절차는 다음과 같다.

어떤 매체의 기자들을 부를 것인지 결정한다.

기자회견 개최에 관한 사실을 구두 혹은 자료로 제출한다. 이때 기자회견의 목적, 시간, 장소, 기자회견이 갖는 의미 등을 밝힌다.

장소 선정에 유의해야 한다. 교통편을 고려하여 빠른 시간에 도착할 수 있고 쉽게 찾을 수 있는 곳을 선정한다.

발표자와 사회자를 선정한다.

발표문을 정리한다.

예행연습을 한다.

기자회견장의 시설물을 점검한다.

선거조직은 공조직과 사조직으로 구분되는데 공조직인 정당조직과 사조직인 후보의 혈연, 지연, 학연 그리고 후보가 속한 동호인 등의 단체로 구분하여 조직한다.

1. 선거조직 단계별 구성

〈그림 11-1〉 단계별 조직 구성

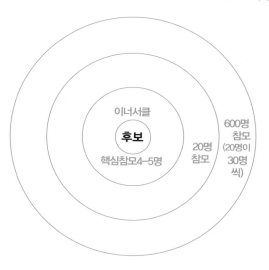

Wave Impact(파도효과)라 불리는 조직 구성 단계별 전략으로 1단계로 후보자를 중심으로 이너서클인 4~5명의 핵심참모로 구성한다.

2단계는 지역의 유력인사나 오피니언 리더들과 그 외 영향력이 큰 인사들을 포함하여 20여 명의 참모들로 구성한다.

3단계는 2단계의 20여 명이 자기 주변의 신뢰하고 능력 있는 인사 30명 정도를 추천하여 600여 명의 적극적 지지자들을 발굴하여 활동하는 단계를 말한다(〈표 11-1〉 참조).

〈표 11-1〉 선거조직 단계별 구성과 특징

단계	참모 수	특징
1단계	4~5명	핵심참모로써 후보의 철학과 가치관을 공유하고 정책, 원칙과 방향을 설정하여 초지일관 책임 · 권한 · 의무를 다하는 핵심 브레인들
2단계	20명	지역의 명망 있고 이미지 좋은 오피니언 리더로 구성되며 후보의 비전, 정책, 철학, 원칙 및 방향을 공유하여 선거승리의 견인차 역할을 하는 참모들
3단계	600명	2단계의 20여 명이 30명씩 추천한 인사들로써 후보의 적극적인 지지자로서 향후 특보 또는 선거참모로서의 역할을 하는 사람들

(1) 지역별 조직

조직은 외부조직과 내부조직으로 구성되는데, 내부조직이 의사결정의 신속한 체계와 전달, 그리고 위기관리능력에 초점을 두어 조직되어지는 반면 외부조직은 신뢰를 바탕으로 이루어지는 것이 그 특성으로 유권자의 민심을 알 수 있는 수단이 되기도 한다.

선거조직을 만든다고 하면 흔히 외부조직을 말하는 것으로 특보조직의 형태로 운영되기도 한다. 이는 지역별로 조직되는 것이 일반적이며 큰 조직을 가지고 있는 특수한 경우는 직능조직으로 별도 관리한다.

큰 선거에서는 이러한 직능조직을 별도로 두는 경우가 일반적이나 작은 선거일수록 조직본부장을 중심으로 움직이고, 경우에 따라서는 후보가 직접 관계하는 것이 좋다.

조직본부장은 후보의 핵심참모 인사들 중에서 후보를 대신할 역량과 권한이 주어져야 임무를 적절히 수행할 수 있다.

조직본부장은 후보가 조직을 구성하는데 그 대행 역할을 하는 것이 주 임무이며 후보와의 커뮤니케이션이 일치하고 그 책임과 권한이 부여되고 지속적으로 소통이 이루어지는 인사로 결정되어야 한다.

1) 지역책임자

조직을 구성할 때에는 먼저 지역별 책임자를 선정하여야 한다. 이러한 지역책임자는 반드시 후보와 직접 커뮤니케이션할 수 있는 채널을 열어놓아야 한다.

지역책임자가 하부조직원들을 관리하기 위해서는 후보와 직접 커뮤니케이션할 수 있는 채널이 있어야 가능하기 때문이다. 또한 필요할 시 후보가 참석하는 회의에 참여하여 선거전략을 세워가는 일선창구로서의 역할을 담당해야 한다.

지역책임자를 선정할 때는 책임감과 사교성이 높고 능력 있는 인사를 선정한 후 지역을 나눈다. 또한 같은 지역에 추가로 지역책임자를 선임할 경우에는 지역을 나누는 형태로 조직을 세분화하는 것이 좋다. 그러나 지역을 나눈다고 하여 영역을 국한하지는 말아야 한다.

지역책임자는 하부조직원을 두게 되는데 역량 있는 인사들로 구성하고 모든 채널은 지역책임자를 통해 조직본부장과 후보자에게 전달될 수 있도록 체계를 세워야 한다.

각 지역책임자들은 각 지역의 덕망 있는 인사와 오피니언 리더 등을 잘 구분하여 접촉할 우선순위를 정한다. 또한 접촉할 때에는 주변의 정보를 잘 듣고 인맥을 통하여 접근하고 조직본부장 또는 후보자가 직접 만나야 할 인사인가의 여부를 상의하여 결정하여야 한다.

이러한 인사들은 많은 조직 및 단체와 연결되어 있고 리더의 역량을 가진 능력 있는 인사들은 지역책임자 밑에 두지 말고 특보단이나 직능본부로 추천하여 조직본부장이나 후보의 관리 영역에 두는 것이 좋다.

이들은 독자적으로 자기 영역을 갖고 여러 선거에 관여해 본 경험이 있으므로 상호 협력할 수 있다면 좋은 결과를 도출해 낼 수 있다.

지역책임자는 자기 밑에 선거운동원들을 두고 그들을 교육하고 논리를 강화하는 데 주력하여 함께 선거운동을 지휘하는 일선 책임자로서의 역할을 담당해야 한다.

특히 선거유세나 지역순회 시에는 지역책임자와 특보들이 반드시 동행하여 지역 민심이나 특별한 이슈사항 등을 주지시켜 후보자를 잘 보좌하여야 한다.

이때 후보자를 미처 만나지 못한 지역 인사들을 자연스럽게 소개하여 지지를 이끌어 낼 수 있도록 사전 준비하여야 할 것이다.

2) 조직특보

별도 선거운동을 할 수 있는 능력 있는 조직원을 조직특보로 임명하여 임명장을 수여하고 독자적인 선거운동을 할 수 있도록 하여야 한다.

이때 선거운동원들까지 특보로서 임명장을 수여하고 특보 임명장을 수여받은 운동원들은 후보의 전략을 일선 유권자들에 전파하는 일선 창구 역할을 맡게 된다.

이러한 특보는 본부장과 지역책임자를 중심으로 조직을 형성하지만 그 하부조직인 특보까지는 후보자가 직접 소개받고 그들의 말에 귀 기울이고 격려를 아끼지 말아야 실질적인 선거운동이 이루어질 수 있을 것이다.

※ 조직특보의 역할

① 후보의 메신저로써 하부조직에 전략을 전달하고 민의를 파악하여 후보에게 전달
② 덕망 있는 인사와 오피니언 리더를 적극 발
③ 유권자와 직접 대면하여 그들을 논리적으로 설득
④ 후보자가 자기 지역을 방문할 때 주요 이슈를 설명
⑤ 상대방의 불법적인 선거운동을 적발하여 보고
⑥ 후보의 인지도 및 이미지 제고를 위한 활동
⑦ 지역의 주요 이슈에 대한 민의를 파악하여 보고하고 해결책을 모색

각 조직은 상호 커뮤니케이션이 제일 중요하며 신속한 의사결정과 신속한 전달 체계를 갖추는 시스템을 구축하는 것이 조직 구성의 핵심이다.

조직특보단을 제외한 나머지는 내부조직으로 분류하고 외부조직

은 특보단을 비롯하여 여러 가지 형태의 조직을 만들어 낼 수 있으며 이는 상황에 따라 적절한 직책을 부여하여 진행해 나가면 될 것이다.

예를 들면 2012년 대통령선거를 위한 새누리당 시절의 정치쇄신 특위위원회, 대한민국 대통합위원회, 행복추진 위원회라든지 더불어민주당의 시민캠프, 미래캠프, 민주캠프와 같은 형태의 조직을 만들어 낼 수 있을 것이다.

3) 조직의 관리

① 조직특보는 하부조직원들과 수시로 접촉하여 그날의 접촉인사와 지지도 여부를 정리하는 일지를 작성하고 다음날 만날 사람들의 리스트를 정리한다.

조직특보는 매일 저녁 지역별 모임을 통하여 지역책임자와 조직본부장과의 협의를 통해 후보가 다음날 만나야 할 인사들의 우선순위를 결정한다. 또한 성공사례 등을 토론하도록 하여 유권자들을 효율적으로 설득할 수 있는 논리적 근거를 마련하여야 한다.

② 지역책임자는 저녁회의를 통하여 결정된 사항을 다음날 아침에 후보 및 본부장 회의를 통하여 보고하여야 한다. 여기서 결정된 사항 등은 문자메시지나 이메일 등을 통하여 하부조직원들에게 전달하여 선거운동에 오류가 생기지 않도록 잘 관리한다.

③ 후보는 지역책임자와 특보를 나의 충성스러운 지지자로 만드는 것이

선거에서 유권자를 만나 악수하는 시간보다 더욱 중요하며 이를 소홀히 한다면 내부의 적을 만드는 것이므로 특별한 관심과 애착을 가지고 조직을 만들어야 한다.

조직은 사람이다. 지방선거일수록 이러한 조직의 역할이 절대적이므로 이러한 조직원들의 입소문이 확산되어 여론의 흐름을 만들어가는 것임을 명심하여 출마를 마음먹은 날부터 신중하게 처신해야 한다.

조직특보가 무리하게 많은 사람들을 관리하다 문제가 발생할 수 있으므로 각별히 주의하여 시간을 두고 차근차근 확산시켜야 한다.

각 특보는 하부조직의 실질적인 명단을 작성하여 확산시키고 이들의 명단을 취합하여 각종 선거운동 정보와 전략을 SNS를 통하여 전달시킬 수 있도록 하여야 하며, 조직 내부에서 일어나는 일을 우선적으로 알고 이를 전파할 수 있도록 한다.

후보가 관리하는 조직은 직능별 조직특보와 지역별 조직특보 그리고 특보단까지이며, 그 하부조직은 특보들이 직접 관리할 수 있도록 하고 본부조직은 이를 적극 지원해 주어야 한다. 조직 구성의 예는 다음 〈그림 11-2〉과 같다.

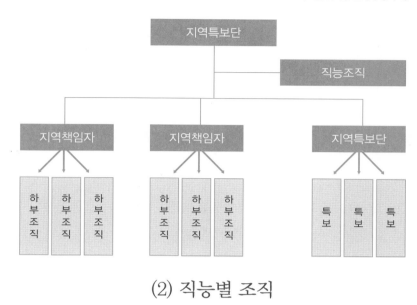

(2) 직능별 조직

1) 직능조직의 관리

직능조직은 규모가 비교적 큰 단체장이나 임원들을 상대로 지지를 이끌어 내는 것으로 보통은 본부장급이나 후보자가 직접 나서는 경우가 대부분이다. 그러나 후보자가 나서기 전 사전 작업이 중요하며 이러한 사전 작업을 수행하는 곳이 바로 직능본부이다.

이러한 직능조직을 통하여 임원뿐만 아니라 조직원들에게 파고들 기회를 놓치지 않아야 하며, 직능단체의 지지선언을 이끌어 내야 한다. 또한 직능조직의 행사가 있을 경우 주요한 위치를 확보하는 것이 중요하며 선거법에 위배되지 않는 인사말 정도는 할 수 있도록 유도하여야 한다.

직능조직을 잘 활용하기 위해서는 그 조직에 맞는 예의나 절차 또는 이슈사항 등을 사전에 파악하여 공약 등을 미리 준비하여야 실수를 하지 않는다. 아무런 준비 없이 단체 대표와 미팅을 한다면 준비되지 않은 질문과 요구사항에 당황하여 목적을 달성할 수 없을 것이다.

2) 직능조직의 역할

직능조직의 역할은 다음과 같다.

① 직능단체 회장이나 임원들과 관련된 인맥을 찾아내고 정리하는 일
② 직능단체의 이슈가 무엇인지 파악하는 일
③ 파악된 이슈의 해결책과 이행타당성을 분석하는 일
④ 직능단체의 조직 형태와 조직 명단을 확보하는 일
⑤ 직능단체와 대면 시 지지세력으로 끌어들일 수 있는 핵심 사안이 무엇인지 등의 정보를 파악하는 일
⑥ 직능단체의 행사를 파악하고 후보를 소개하고 유권자와 대면할 수 있는 적절한 위치로 배치하는 일

직능별 조직의 예는 〈그림 11-3〉과 같다.

〈그림 11-3〉 직능별 조직 예

(3) 정당조직과의 연계

경선 전까지의 과정은 사조직 위주로 확산되어지나 정당의 후보자로 확정되고 나면 정당조직과의 연계를 잘하여야 시너지 효과를 기대할 수 있다.

당의 대표주자로 확정되면 조직본부는 당의 조직과 연합하거나 조직본부는 사조직으로 정당의 공조직과 별도로 움직이는 것이 보통이다.

그러나 상호 중복되기도 하고 조직의 장이 별도로 나누어져 있으면 커뮤니케이션과 전략 실행에 차질을 가져올 수도 있다. 따라서 이 두 조직을 원만하게 유지하는 것이 선거캠페인에 중요한 변수로 작용한다.

정당조직이 무조건 자기편이라 생각해서는 안 된다. 이 또한 자기 지지자로 만들어 가는 과정이 필요하고 소극적 자세에서 적극적 자세로 나오게 만드는 것도 중요하다.

정당조직은 이미 만들어져 있는 조직이므로 그들의 룰을 존중해 주어야 하며 사조직이 관여하지 않는 것이 좋다. 그러나 이원화된 체계로 가는 것은 선거의 혼선을 야기할 수 있으므로 조직은 별도로 움직이더라도 지휘체계는 일원화해야 한다.

3. 지지선언

후보자의 동문이나 같은 고향 출신인사들의 지지선언이나 영향력 있는 인사들의 지지선언은 선거에서 지지 기반을 형성하는데 많은 도움을 줄 수 있다.

지역의 동문회나 향우회 조직을 적극적인 지지자로 활용한다면 지지자의 결집이나 유권자들에게 좋은 평가를 가져올 수 있다.

그러나 지지선언이 항상 좋은 결과로 나오는 것만은 아니다. 오히려 경쟁후보, 특히 지지선언의 출신이 아닌 사람들에게는 역효과를 얻어서 지지층 확충에 좋지 않은 결과를 가져올 수도 있다.

따라서 지지선언은 신중하면서도 본인의 지지층을 결집시키면서 확장할 수 있는 방향으로 심도 있게 실시해야 할 것이다.

예를 들어 교육감 선거의 경우 교육단체의 지지를 이끌어 내는 것은 큰 효과를 가져올 수 있을 것이다. 그러나 교육과 관계없는 단체가 지지선언을 한다면 오히려 상대후보의 역공격의 빌미를 제공할 수 있으므로 신중히 검토해야 한다.

유세본부

선거유세의 핵심은 가두유세로서 지역구 여론을 형성하는 것이다. 유세 차량, 확성기, 로고송, 자원봉사자 율동, 어깨띠, 모자, 유니폼, 티셔츠 등을 잘 조화시켜 유권자에게 인지도 및 지지도를 제고하며 쌍방향 커뮤니케이션을 유도하여 현장에서 민심을 파악하고 여론을 조성할 수 있다.

1. 유세

후보자의 유세에서 가장 중요한 것이 바로 '거리연설회'라고 불리는 '유세(공개장소에서 연설 대담)'이다.

후보자나 그 배우자가 주차장, 광장, 주민회관, 시장, 점포, 공원, 경로당 등 일반 유권자가 오갈 수 있는 공개된 장소를 방문하여 지지를 호소하거나 연설을 하거나 청중의 질문에 대답하는 방식으로 유권자와 접촉하는 것이다.

(1) 유세의 주요 특징

유세는 유권자와 후보자와의 토론 등을 통해 능력 있는 후보자를 선택할 수 있는 선거운동방식으로 매우 각광 받는 선거운동 방식이다. 과거와 달리 공개된 장소에서 유권자와의 접촉을 자유롭게 허용함으로써 후보자의 활동영역을 대폭 확장하였다.

즉 접촉이 어려운 젊은층과 경제 활동층, 여성층, 노년층 등 유권자 세분화에 따라 그 층에 맞는 다양하고 차별적인 캠페인 방식으로 그 효과가 매우 큰 선거운동 수단이다.

유세의 주요 특징은 다음과 같다.

① 무제한적으로 사용 가능하다
② 은폐된 유권자에 대해 효과적으로 메시지를 전달할 수 있다.
③ 하위선거에 적합한 메시지 전달할 수 있다.
④ 조직을 강화할 수 있다.
⑤ 유권자의 관심을 유인하는 효과적 메시지를 전달하는 수단이 된다.

(2) 유세 방법

유권자가 후보자 자신과 맞지 않은 이야기를 하더라도 진지하게

경청하여야 한다. 면전에서 "No."를 직설적으로 말하는 것은 자제하고 결연한 의지, 성실한 자세를 운동원에게 보이는 것이 좋다.

후보자는 수행원을 많이 대동하지 말아야 하며, 커피숍, 방문지 사무실, 음식점 등 한 곳에서 오래 머무는 것은 좋지 않다.

유권자로부터 주요 건의 및 민원사항은 후보자 또는 수행 보좌관이 직접 수첩에 정성껏 메모하며 반드시 해결하겠다는 의지를 보인다.

※ 효과적인 유세 방법은 다음과 같다.

① 유세 효과성을 높이기 위해 유세를 실행하기에 적합한 장소를 미리 물색한다.

② 유세에 적합한 장소가 파악되면 간단히 지도를 그리도록 한다. 지도에서는 유세 차량을 세울 위치와 확성기 방향을 구체적으로 표시한다.

③ 선거구 유세활동 시 이동시간을 줄이면서 유권자와의 접촉을 강화하여야 한다.

④ 유세장 이동 시 후보자는 다음 유세장 인근 지역에 하차하여 상가 및 사무실을 방문하거나 길거리에서 만난 유권자와 접촉하면서 나아가도록 한다.

⑤ 거리, 아파트 입구 등에서 악수를 통해 유권자 접촉을 할 때 후보자와

선거운동원들은 겸손하면서도 적극적인 자세로 최대한 많은 유권자와 접촉하도록 노력한다.

⑥ 후보자가 연설이 끝난 후에도 사회자는 2~3분 정도 다음 유세 계획 등 필요한 사항을 알리고 귀를 기울여 준 유권자에게 감사의 표시를 하는 마무리 연설을 하도록 한다.

(3) 유세준비

1) 유세준비물

선거운동 시 사용하는 준비물로는 어깨띠, 복장(유니폼, 모자, 장갑 등), 피켓 등이 있다. 어깨띠는 후보나 선거운동원에게 가장 흔히 활용된다.

어깨띠 대신 슬로건, 기호, 후보 이름 등을 새겨놓은 상의를 준비하면 편리하게 유세에 임할 수 있어 최근 후보자들 간에 많이 착용된다.

선거운동원은 통일된 유니폼과 모자를 사용하여 어느 후보의 운동원인지를 쉽게 구분할 수 있는 색상으로 선정하고, 정당의 기호와 이름 색상 등이 잘 조화되어 후보의 이미지를 담아 내야 한다.

피켓은 그때그때의 상황을 고려하여 몇 개의 구호를 반복적으로 사용하며, 정당의 색깔과 부합하고 멀리서도 한 번에 알아볼 수 있는 색상을 고안하여 준비한다.

2) 유세 차량

유세 차량은 움직이는 광고판이다. 홍보 효과를 극대화하기 위해서는 선거 콘셉트에 맞는 슬로건, 후보자의 사진과 이름, 로고, 동영상 등을 활용한다.

그런데 선거유세 중 가장 문제가 되는 것이 바로 유세 차량이다. 배터리가 떨어지거나 마이크가 망가지거나 스피커 음향이 망가지는 경우도 많다.

이러한 것을 미연에 방지하기 위해서는 다음과 같은 사항을 주의해야 한다.

우선 유세 차량을 제작할 때 디자인과 앰프와 발전기 사고 등을 유의해서 제작해야 한다. 앰프나 발전기의 경우 유세 차량의 톤수나 지역을 고려하여 넉넉한 것을 준비한다.

음향전문가의 조력을 받는 것도 좋다. 스피커의 종류도 여러 가지고 발전기의 종류도 여러 종류가 있지만 1톤 내지 1.5톤에 탑재할 스피커의 종류는 나팔관 식을 권장한다. 이러한 스피커는 소리가 멀리 퍼지는 성능을 가지고 있어 일반 사각형 스피커보다 유세 차량에 훨씬 좋다.

발전기의 경우 렌트 비용이 배터리 방식보다 비싸고, 소음이 있다는 것이 단점이지만 매우 안정적이라는 장점을 가지고 있다. 대부분의 유세 차량에서는 배터리 방식과 발전기를 겸해서 사용하는 것이 일반적이다(이재술 2010).

(4) 제스처

제스처란 신체의 부분적인 움직임을 말하며, 연설을 보다 효과적으로 진행할 수 있도록 도와주고 그 연설을 경청하는 유권자들에게 빠른 이해를 줌으로써 주장의 확실성과 강조를 나타내어 유권자들에게 신념을 심어주는 방법이다.

1) 자연스러운 제스처

움직임이 부드러운 제스처가 되어야 한다. 지나치게 긴장하거나 표정이 굳으면 부자연스러운 기계적인 동작이 될 것이며, 반대로 지나치게 이완되어 절도가 없어 보이는 동작도 좋지 않다.

2) 힘과 변화 있는 제스처

절도가 있고 그러면서도 변화 있는 제스처가 되어야 한다. 후보자 연설내용과 감정의 변화와 일치되는 힘과 박력 있는 동작을 시원하게 표현하여야 한다.

3) 말과 일치된 제스처

후보자의 연설내용과 동작이 엇갈리지 않고 상호 어울려야 한다. 초보자나 경험이 부족한 후보자는 너무 손동작을 의식한 나머지 내용과 동작이 일치하지 못해 엉거주춤하는 일이 없도록 해야 할 것이다.

(http://blog.daum.net/leeminsae).

(5) 후보 배우자 유세

후보자 배우자는 후보자의 핵심참모로서 유권자의 눈에는 후보자와 동일시된 인물로 표 결집에도 영향력을 미치나 때로는 감표 요인으로 작용할 수 있으므로 참모진이나 지지자들의 융화 구심점이 되어야 한다.

후보자 배우자의 일정은 후보자 일정과 별도 일정을 작성하여 후보자와 중복되지 않도록 하고, 노인정, 장애인시설, 영세민 밀집촌 등 후보자의 발길이 미치지 못하는 지역을 중점 순회한다.

지역 또는 단체 방문 시, 사전에 세밀한 조사가 필요하고 짤막하지만 호소력 있는 인사말은 준비하며 너무 앞에 나서지 말고 적당히 분위기를 리드하는 역량을 보이는 것이 중요하다. 또한 행동, 언어, 옷차림 등 모든 것이 루머의 대상이 될 수 있으므로 주의해야 한다.

지역에서 평판이 좋지 않은 사람들과는 너무 친밀히 지내지 않는 것도 중요하다. 시장이나 상점에서 물건을 살 때에는 인색하지 않은 모습이 중요하다.

항상 서민적인 모습을 보여주어야 한다. 정치 관련 대화는 가급적 피하고 물가, 민생치안, 교통문제, 교육문제 등을 주요 대화 주제로 삼고 상대방의 의견을 듣는 것에 치중한다.

① 공개 대담 시 배우자의 연설은 간결하게 할 것

② 후보자 불참모임 시 참석

③ 후보자 소홀지역 중점 방문

④ 미용실, 식품점, 옷가게 등 권역별 거점 확보

⑤ 선거운동에 대한 자상한 배려로 사기 앙양

2. 연설

후보자뿐만 아니라 후보자 연설원도 전달하고자 하는 바를 유권자들에게 똑바로 이해시키고, 감명을 주어 그 말에 동의를 얻으며, 나아가서 자기가 뜻하는 대로 상대방을 움직이려는 것이 연설의 목적이다.

(1) 연설의 방법

유권자의 집단심리를 파악한 후보자만이 유권자로부터 자기가 목적한 반응을 일으키기 위한 화법을 알맞게 발휘할 수 있게 되는 것이다.

후보자는 연설을 경청하는 유권자에게 일단 강한 자극을 주어서 주의를 자기에게 모은 다음에야 뜻대로 자기의 소신을 피력할 수 있게 된다. 권자의 주의를 집중시키고 후보자에게 추종하도록 하는 것은 연설을 하는 후보자의 중요한 일 중의 하나이다.

이러한 일은 후보자가 연설을 경청하는 유권자의 필요, 흥미, 감정의 방향을 미리 알아차려 그것에 적합한 자극을 줄 때 비로소 유권자들의 주의력을 강력하게 이끌 수 있게 된다.

특히 유권자의 주의를 계속 후보자에게로 끌기 위해서는 자꾸만 새로운 자극을 주어 이미 모은 시선을 흩뜨리지 않아야 한다.

결국 중요한 것은 유권자의 흥미다. 유권자의 흥미를 끌어내기 위해서는 연설 내용이나 후보자의 화법이 다채롭고 절실해야 하며, 긴장감과 신비감을 주면서도 이야기의 구체성이 있어야 한다. 똑같은 내용일지라도 연설을 하는 후보자가 다르면 유권자에게 주는 감명도 달라지는 것은 이러한 까닭에서이다.

후보자의 연설을 경청하는 유권자들은 후보의 의견에 전적으로 찬성할 수는 없다. 그러나 깊은 감명을 받을 수는 있다.

1) 연설의 유의사항

후보자는 유권자의 처지를 개별적으로까지 이해할 수는 없다 하더라도 연설을 경청하는 유권자들이 과연 무엇을 갈구하고 있는가 하는 유권자 심리 파악을 할 줄 알아야 한다.

따라서 연설의 목적을 달성하기 위해서는 다음과 같은 사항에 유의하여야 한다.

① 연설할 때 말의 표현방법과 문장을 작성할 때 글의 표현방법을 같이

생각해서는 안 된다. 연설 언어는 음성에 의한 언어이며, 문장 언어는 문자에 의한 언어로 듣는 사람들은 지루하고 거부감을 느끼게 된다.

② 연설원고의 내용은 논리적이어야 하며, 관념적이거나 추상적인 언어는 피하고 보다 구체적이고 생활에 익숙한 것이어야 유권자가 이해하기 쉬울 뿐만 아니라 후보자와 유권자가 공감대를 형성하게 될 것이다.

③ 다른 기성 정치인들 또는 유명 연설가들의 연설이 감명 깊고 듣기 좋았다고 해서 그 스타일을 흉내 내는 것 보다는 자신의 개성을 살린 자기 스타일의 연설을 구사하는 것이 바람직하며, 유권자들과의 거리를 좁힐 수 있는 방법의 하나이다.

④ 후보자 개인의 철저한 가치관의 확립이 무엇보다 필요하며 승리할 수 있다는 자신감을 갖고 연설에 임해야 할 것이다. 시간이 남거나 모자랄 때를 대비하여 효과적인 끝맺음 또는 연설시간 연장을 위한 임기응변도 준비하여 숙달해 두어야 한다.

⑤ 연설을 경청하는 유권자들로 하여금 연설내용을 충분히 이해할 수 있도록 쉽고 간편한 용어를 사용하여 정확한 발음으로 전달해야 하며, 말의 속도도 너무 빠르거나 혹은 느리지 않도록 유의해야 한다. 말이 너무 빠를 경우 경망스러워 보이며, 느릴 경우 답답해 보일 수 있다.

⑥ 연설원은 연설회 후보자석에 도착할 때부터 모든 연설이 끝날 때까지 그곳에 모인 유권자들이 주시하고 있다는 사실을 잊지 말아야 한다.

후보자석에서의 거만한 자세, 불안한 태도, 흐트러진 행동 등은 유권자들에게 좋지 않은 인상을 주게 된다.

2) 유권자 반응

연설을 하는 후보자는 유권자들로 하여금 끝까지 자기의 연설을 듣고 싶어 하도록 하지 않으면 안 되는데 그렇지 못한 경우가 다음과 같다.

① 객관성이 전혀 없거나 설명에만 그치는 경우
② 내용에 있어서 모든 사람이 잘 알고 있는 경우
③ 전문적인 내용의 설명, 또는 유권자들이 이해할 수 없는 내용의 연설일 경우
④ 연설 중의 태도가 교만해 보이거나 유권자를 위압하려는 태도를 보인 경우

유권자들의 반응은 후보자의 연설에 대한 반사적인 표현이라 할 수 있다. 유권자들의 반응이 연설을 하는 후보자에 대한 격려로 나타나기도 하지만 때로는 후보자에게 좌절감을 주기도 한다.

그러므로 반드시 후보자는 연설회에서 자신감을 가져야 하며, 처음부터 동정을 구하는 식의 연설을 해서는 안 된다. 연설 도중 거친 야유나 잡음으로 궁지에 몰릴 경우라도 임기응변적인 기질을 발휘하여야 한다.

3) 야유에 대한 대처방법

후보자의 연설 도중 항상 경쟁후보자의 선거운동원과 지지자들로부터 야유를 받게 된다. 이럴 때 후보자는 몹시 당황하게 된다.

대처방법으로 특별한 기술이 있는 것은 아니나 대체로 타 후보 지지자들의 야유에 대해 다음과 같은 방식으로 슬기롭게 대처해 나가야 할 것이다.

① 가벼운 유머나 날카로운 말로 가볍게 물리친다.
② 보다 큰 소리로 연설을 강행하여 더욱더 열변을 토한다.
③ 잠시 중단하고 그들을 향해 여유 있는 미소를 지으며 야유가 끝나기를 기다린다. 장내가 정리되면 다시 연설을 진행한다.
④ 야유에 대한 신랄한 야유를 즉각 상대방에게 가차 없이 되돌린다.
⑤ 야유가 터져 나오는 곳을 응시하지 말고 반응을 보이지 않는다.

(2) 연설원 매뉴얼

연설원의 매뉴얼은 다음과 같다.

적당히 호흡을 조절하며, 시작부터 너무 큰소리로 일관하여 목이 쉬지 않도록 유의해야 한다.

자신감 있는 말투로 하되 겸손을 잃지 말아야 한다.

후보자의 성명, 기호 등을 수시로 주지시켜야 한다.

정확한 단어와 정확한 발음을 사용하며, 가능한 한 같은 말의 사용을 피해야 한다.

외래어보다는 순수한 우리말, 좀 더 쉬운 말과 어법에 맞는 말을 사용해야 한다.

남의 경험보다는 자신의 경험, 시·청각적 관찰에 의한 지식을 토대로 해야 한다.

일상생활 중 남들이 알지 못했던 일이나 유권자들과 직접 관계가 있는 내용으로 해야 한다.

실현 불가능하거나 광범위한 내용은 삼가야 한다.

능력 이상의 어려운 문제를 다루지 말고 누구나 실생활에서 체험할 수 있는 문제를 제기해야 한다.

너무 과장된 표현보다 차라리 성실하고 솔직한 표현을 써야 한다.

말끝을 흐리지 말고 말끝을 명확히 해 주어야 한다.

심한 방언을 사용하지 않아야 한다.

유권자들이 냉담한 반응을 보이거나 야유를 보낸다고 해서 절대 흥분하지 말고 끝까지 이성을 가지고 연설해야 한다.

말이 기교를 너무 부리지 말아야 한다.

후보자의 눈은 항시 유권자를 향하며, 불필요한 곳으로 옮기지 말아야 한다.

적절한 수사법을 사용해야 한다(강조, 과장, 감탄, 대조, 반복, 열거 등).

현란한 지식의 과시보다 듣는 사람을 감동시킬 수 있는 절실한 문제를 제기해야 한다.

부여된 시간을 충분히 활용하여 시간이 모자라거나 남지 않도록 해야 한다.

연설의 내용을 요약, 반복하여 재확인시켜야 한다.

충분한 연습을 토대로 실전에 임해야 한다. (반복연습이야말로 효과적인 유세연설의 지름길임을 인식한다.)

3. 대학생 서포터즈 운영

선거의 자원봉사자를 활용하는 것을 말한다. 특히, 선거에 참여가 낮고 후보에 대한 지지도가 낮은 젊은 부동층을 선거에 끌어들이고 자신의 지지자로 만들기 위해 대학생 서포터즈를 모집하여 운영하는 것이 좋다.

서포터즈 모집은 후보자 자녀를 통해서 친구나 선·후배 등을 우선 선정하고 이를 확산한다면 효과적으로 모집이 가능할 수 있다.

서포터즈는 투표참여 독려캠페인을 지원하고, 시민참여 프로그램을 기획 및 운영하며 선거정책을 만드는데 참여하거나 불법선거운동을 감시하는 등의 다방면에서 많은 활동을 하게 된다.

서포터즈는 젊은층의 지지를 끌여들이는 데 도움이 되므로 이를 잘 활용해야 하며 서포터즈를 활성화하기 위해 우수 활동팀을 수상하고 수료증을 지급하는 등의 활동을 전개한다.

선거 지원본부

선거 지원본부는 선거자금(비용), 사무실 비품, 행사 지원, 준비 등을 관리하며 총무부장, 회계 담당직원(회계책임자와 분리), 관리직원 등으로 구성한다.

1. 선거사무장 및 회계책임자

(1) 선거사무장

선거사무장·선거사무소의 회계책임자 또는 후보자의 직계 존·비속 및 배우자가 당해 선거에 있어서 기부행위 위반 또는 정치자금법 위반으로 징역 또는 300만 원 이상의 벌금형을 받을 경우 그 후보자 (대통령후보자, 비례대표국회의원후보자 및 비례대표시·도의원후보자는 제외)의 당선은 무효가 되므로 특히 조심하여 선거에 임해야 한다.

선거사무장은 공식적으로 수당을 지급받고 선거 행정을 총괄하는 참모로서 역할을 수행하며, 후보의 선거운동을 돕는 사람으로 후보를 대신해 명암을 돌릴 수 있는 권한을 가지고 있다.

그 외에 특별히 역할이 분명치 않고 선거법 위반의 경우 후보의 당선 무효를 가져올 수 있으므로 선거사무장은 특히 선거법을 준수하여야 한다. 이를 염려하여 후보가 직접 사무장으로 등록하는 경우도 종종 볼 수 있다.

선거사무원은 공식적으로 수당을 지급받고 후보 곁에서 후보의 선거운동을 돕는 사람들로 지역적 안배를 고려해 선발하는 것이 좋다.

선거사무원은 후보를 대신해 후보가 있는 지역 범위 내에서 명암을 돌릴 수 있는 권한을 가지고 있으며, 후보 주위에서 율동을 통한 퍼포먼스에 참여함으로 선거 분위기를 고조하는 역할을 수행함으로 이에 맞는 선거운동원을 선발하는 것이 중요하다.

(2) 회계책임자

회계책임자는 회계에 관한 전문적인 경험과 지식이 필요하다. 또한 후보자가 가장 신뢰할 수 있는 사람으로 법정 선거비용에 대한 회계처리 및 장부 정리를 한다.

후보가 당선되었다 하더라도 회계처리의 잘못으로 선관위로부터 고발을 당해 당선 무효의 결과를 가져오는 경우가 많이 발생하는 만큼 경력이 있고 선관위와 원활한 관계를 유지하는 사람으로 선정하여야 한다.

「공직선거법」 제263조에 따르면 선거비용제한액의 200분의 1 이상을 초과 지출한 경우 회계책임자가 징역형 또는 300만 원 이상의 벌금형의 선고를 받은 때에는 그 후보자의 당선은 무효로 한다고 규정되어 있다.

2. 선거사무소

(1) 선거사무소의 구성

선거사무 행정 비품에 관한 사항으로 전화, 컴퓨터, 복사기, FAX, 프린터, 문서 파쇄기, TV(DVD, VTR 기능), 냉온수기 등을 비치한다.

일일 활동보고서(선거운동원들의 일일 활동사항기록), 추천인 명부 등을 작성한다.

관내 유력인사 및 단체장 방문카드 등과 같은 것을 비치하여 후보자가 방문 후 이들의 성향을 분석하여 사무국으로 넘겨 사무국에서 추후 관리하도록 한다.

입당원서, 자원봉사자 가입신청서(소개할 사람 등 친지, 친구, 선후배, 지인 등 추천받을 수 있는 란 마련), 개인 기록표 당직자, 선거조직원, 당원명부, 탈당 접수철 등을 총무 분야에서 관리한다.

선거사무소는 유권자 누구나 부담 없이 찾는 사랑방 개념의 역할을 해야 한다. 선거사무소의 실내 분위기는 사랑방처럼 편안하게 가구 및 집기는 고급품을 배제하고 중고가구 등으로 수수하게 배치한다.

각종 서류, 명단 보관의 금고, 태극기, 당기 등을 준비하고 지역구 현황판 설치 및 사무실 소파는 면담과 대기가 가능하도록 2조 이상 가급적 원형 테이블로 배치한다.

후보자 방은 아담한 공간으로 다량의 인문 서적 및 선거 관련 도서 및 차를 마실 수 있는 테이블 등을 구비한다.

도청을 대비해 보안을 유지할 수 있는 시스템이 필요하며 선거사무장 방은 간단한 탁자와 의자 배치(면담용), 후보자 홍보물 등을 비치한다.

종합상황실은 선거 관내 지도에 동·통 경계, 투표구 경계, 동사무소, 파출소, 투표소, 동 책임자 사무실, 주요 건물의 주소가 눈에 잘 보이도록 표시한다.

조직원 주요명단에서 조직원, 운동원, 단순 지지자 등을 분류하여 조직도를 작성, 조직의 사각지대를 신속히 보완한다.

회의실은 규모에 맞게 적절한 자리를 확보하고 조직원교육과 다과를 간단히 해결할 공간을 확보한다.

여성부 방은 각종 카드 작성 등 작업을 할 수 있는 공간이 필요하다.

전화홍보실은 후보자 홍보를 위한 전화홍보요원을 확보하고 각 부스를 간단히 설치하여 전화선을 확보한다.

숙련된 여성 선거운동원을 확보하고, 인터넷 홍보를 위한 최신형 컴퓨터가 설치된 공간과 믿을 수 있는 책임자를 배치한다.

(2) 선거사무소 선정조건

선거사무소는 다음과 같은 위치에 선정하는 것이 가장 이상적이라고 할 수 있다.

1) 장소 선정

지리적으로 중심지

교통, 상권 등 주민의 기존 인식상의 중심지

유권자 밀집지역

2) 건물 선정

대형건물 및 유흥, 숙박, 목욕, 이·미용, 세탁업소 등 지역은 피한다.

건물의 2~3층이 적합하다.

엘리베이터 사용은 많은 지지자, 운동원들의 출입이 불편, 넓은 계단을 활용할 수 있어야 하며 비상구 사용도 동시에 할 수 있는 곳이어야 한다.

주차장 편의를 고려해야 하고 주위의 넓은 공간이 있어 운동원, 자원봉사자, 조직원 등이 쉽게 모일 수 있는 곳이어야 한다.

3) 사무실 선정

사무실은 선거 규모에 따라 30평 ~250평 내외로 하고 지역별 책임자의 사무실이나 영업장을 활용하거나 부동산 사무실 등 지역민의 왕래가 빈번한 곳이 적당하다.

선거기간 중 후보자는 다양한 방법을 이용하여 유권자에게 자신의 공약과 정책 및 이슈 등을 알려야 한다. 이러한 선거운동과 관련하여 후보자를 돕고 여러 가지 선거와 관련된 행동을 수행하는 사람을 선거운동원이라 한다.

(1) 선거운동원의 선정조건

남의 의견을 존중하고 조직의 규율이나 규칙을 준수하는 사람

대화의 매너와 설득력을 가지고 있는 사람

활동력과 추진력이 있는 사람

충성심과 선거승리에 관한 확신을 가지고 있는 사람

진실 되고 상대에게 진성성이 보이는 사람

말수가 적고 적절한 언어를 구사할 줄 아는 사람

(2) 선거운동원의 행동수칙

후보자의 강점을 완전히 이해하고 약점에 대한 논리적인 대응을 완벽하게 숙지한다.

유권자를 만나기 전에 유권자에 대하여 파악한다.

상대방을 존중하는 태도를 가진다.

상대방의 의견을 경청한다.

자기 권한 밖의 약속은 하지 않는다.

후보자의 약점을 말하지 않는다.

설득하지 말고 감동을 주려고 노력한다.

(3) 선거운동원 일일 점검사항

선거운동원에 대한 점검은 〈표 13-1〉과 같다.

〈표 13-1〉 선거운동원 일일 점검사항

선거운동원의 일일점검 사항
• 유권자를 오늘은 몇 명이나 만날까? • 후보의 홍보는 어떤 방법으로 할 것인가? • 오늘 만날 유권자의 신상은 파악했는가? • 유권자의 애로사항 질문내용은 무엇이며, 어떻게 답할 것인가? • 유권자의 계층 성향, 사고에 맞게 대화했는가? • 대화 중 내 의견만을 주장하지는 않았는가? • 한 장소에서 오래 지체하지 않았는가? • 혹시라도 건방지고 오만하다는 부정적인 인상을 심지 않았는가? • 몇 명의 지지자를 확보했는가? • 유권자와의 대화 중 가장 긴 대화는 무엇이었고, 얼마나 소요되었는가? • 거부반응이 있는 유권자에게는 어떻게 접근하는가? • 세대차이(젊은층, 중년층, 노년층)는 어떤 방식이 효과적일까?

자료원: http://blog.daum.net/leeminsae.

4. 후원회

선거와 자금은 불가분의 관계이다. 선거자금을 충분히 확보했다는 것이 선거에서 승리를 담보하는 것은 아니지만 유리한 고지를 점령한다는 것은 부인할 수 없다.

문제는 이와 같이 선거에 지대한 영향을 미치는 선거자금을 어떻게 확보하는가이다. 선거자금을 확보하는 방법에는 여러 가지가 있을 수 있다.

후보자 자신의 재산이나 소수의 후원자로부터 고액의 후원금을 지원받을 수도 있으나, 우리나라의 모금제도와 방법에 따라 실정법의 테두리 안에서 실시하는 것이 좋다.

(1) 정치자금의 종류

정치자금에는 당비, 후원금, 기탁금, 보조금과 정당의 당헌·당규 등에서 정한 부대수입 그밖에 정치활동을 위하여 제공되는 금전이나 유가증권 그 밖의 물건이 있다(〈표 13-2〉 참조).

〈표 13-2〉 정치자금의 종류

종류	내용
당비	• 정당의 당헌·당규 등에 의하여 정당의 당원이 부담하는 금전이나 유가증권 그 밖의 물건을 말함.
후원금	• 정치자금법 규정에 의하여 후원회에 기부하는 금전이나 유가증권 그 밖의 물건을 말한다. • 후원회는 후원인(회원과 회원이 아닌 자를 말한다)으로부터 후원금을 모금하여 당해 후원회 지정권자에게 기부합니다.
정당의 부대수입	• 정당의 당헌·당규 등에서 정한 부대수입을 말한다.
기탁금	• 정치자금을 정당에 기부하고자 하는 개인(공무원과 사립학교 교원 포함)이 선거관리위원회에 기탁하는 금전이나 유가증권 그 밖의 물건을 말한다. • 1인이 기탁할 수 있는 금액은 1회 1만 원 또는 그에 상당하는 가액 이상으로 연간 1억 원 또는 전년도 소득의 5/100 중 다액 이하로 할 수 있다. • 중앙선거관리위원회는 기탁금을 받은 날이 속하는 해당 분기의 말일로부터 14일 이내에 국고 보조금 배분 비율에 따라 정당의 중앙당에 배분·지급한다.

보조금	• 정당의 보호·육성을 위하여 국가가 정당에 지급하는 금전이나 유가증권을 말한다. • 보조금에는 평년의 경상보조금(최근 실시한 국회의원총선거 선거권자총수에 보조금계상단가를 곱한 금액)과 공직선거가 있는 연도의 선거보조금(경상보조금과 같음), 공직후보자 여성추천보조금 (최근 실시한 국회의원 총선거의 선거권자 총수에 100원을 곱한 금액), 공직후보자 장애인추천보조금(최근 실시한 국회의원 총선거의 선거권자 총수에 20원을 곱한 금액)이 있다. • 보조금은 국회에 교섭단체 구성 여부, 국회의석수, 득표수비율에 따라 배분하되 경상보조금은 매년 분기별로 균등 분할하여 지급하며, 선거보조금은 후보자등록 마감일 후 2일 이내에 당해 선거에 후보자를 추천한 정당에 지급된다. • 여성추천보조금은 정당이 여성후보자를 추천한 비율을 기준으로 국회의석수, 득표비율 및 여성후보자 추천비율에 따라 배분·지급되며 여성후보자에 대한 선거경비로만 사용하여야 한다. • 장애인 추천보조금은 정당이 장애인후보자를 추천한 비율을 기준으로 국회의석수, 득표비율 및 장애인후보자 추천비율에 따라 배분·지급되며 장애인후보자에 대한 선거경비로만 사용하여야 한다.

(자료: 중앙선거관리위원회 홈페이지 제공)

1) 정치자금의 투명한 조달과 지출

① 정치자금의 조달: 누구든지 정치자금법의 규정에 의하지 아니하고는 정치자금을 기부하거나 받을 수 없도록 하고 있다.

② 정치자금의 지출: 정치자금은 정치활동을 위하여 소요되는 경비로만 지출하여야 하며, 사적경비나 부정한 용도로 지출하여서는 안 된다.

정치자금의 투명한 사용을 위해 1회 120만 원을 초과하여 정치자금을 기부하는 자와 1회 50만 원(공직선거의 후보자·예비후보자의 정치자금, 선거비용: 20만 원)을 초과하여 정치자금을 지출하는 자는 수표나 신용카드·예금계좌입금, 그 밖에 실명이 확인되는 방법으로 기부 또는 지출하여야 한다.

다만, 현금으로 연간 지출할 수 있는 정치자금은 연간지출총액의 20/100(선거비용은 선거비용 제한액의 10/100)을 초과할 수 없다.

2) 정치자금 기부 한도 및 기부 제한

외국인과 국내·외의 법인 또는 단체는 정치자금을 기부할 수 없도록 하고 있다. 정치인 후원회에 후원하는 경우 기부할 수 있는 후원금은 연간 2천만 원을 초과할 수 없으며, 하나의 후원회에 후원할 수 있는 금액은 다음과 같다.

국회의원(국회의원 선거의 당선인 포함) / 지역구 국회의원 선거의 후보자 및 예비후보자(후원회를 둔 국회의원 제외) / 당대표 경선 후보자 등 / 지방자치단체장 후보자의 후원회: 각각 500만 원

대통령선거 후보자 및 예비후보자 / 대통령선거 경선 후보자의 후원회: 각각 1천만 원

선관위에 기탁하는 기탁금의 경우 개인이 1회 1만 원 또는 그에 상당하는 가액 이상, 연간 1억 원 또는 전년도 소득의 100분의 5중 다액 이하의 금액을 기탁금으로 기탁할 수 있다.

연간 300만 원(대통령 후보자 등 후원회 500만 원)을 초과하여 정치자금을 기부한 자의 기부금액과 인적사항을 공개하고 있으며, 누구든지 타인의 명의나 가명으로 정치자금을 기부할 수 없도록 하고 있다.

3) 기부문화 활성화를 위한 조세감면

정치자금을 기부한 자 또는 기 받은 자에 대하여는 조세특례제한법이 정하는 바에 따라 그 정치자금에 상당하는 금액에 대한 소득세 및 증여세를 면제하고 있다.

개인이 기부한 정치자금에 대하여는 「조세특례제한법」이 정하는 바에 따라 10만 원까지는 그 기부금의 110분의 100을, 10만 원을 초과한 금액에 대해서는 해당 금액의 100분의 15(해당 금액이 3천만 원을 초과하는 경우 그 초과분에 대해서는 100분의 25)에 해당하는 금액을 종합소득산출세액에서 공제하고, 「지방세특례제한법」에 따라 그 공제금액의 100분에 10에 해당하는 금액을 해당 과세연도의 개인지방소득세 산출세액에서 추가로 공제하고 있다.

(2) 후원회 모금방법

선거에서 모금은 선거비용과 지지세력을 동시에 확보하는 것을 의미한다.

선거문화가 선진화될수록 미디어를 통한 홍보를 중시하는 선거캠페인으로 바뀔 것이다. 이 경우 선거자금의 확보는 효과적인 선거캠페인을 위해 절실히 필요하다.

1) 잠재적 후원인 물색

모금을 위해 가장 먼저 해야 하는 것이 후원해줄 가능성이 있는 사람, 즉 잠재적 모금대상자를 찾는 것이다. 후원인이 될 잠재력이 높은 사람들과 그러한 사람을 발굴할 수 있는 정보원이 필요하다.

① 잠재적 모금 대상자: 후보자의 가족, 친지, 친구, 사업 동료, 동호인, 기업, 단체, 조직, 그룹, 모임, 일반 유권자 등

② 모금대상자 정보원: 후보자의 주소록, 경조사 명부, 연하장 발송 명부, 고객명부, 거래처 명부, 후보자와 관련된 단체(예: 산악회, 향우회, 동창회, 직장 등), 정당원명부, 전화번호부 등

2) 후원인 대상자와 친밀감 형성

다양한 경로를 통해 후원인이 될 가능성이 있는 사람이 발굴되면 다음으로 모금할 수 있는 분위기를 조정하기 위해 친밀감을 형성하는 것이 좋다.

이전부터 아는 사람이거나 만난 적이 있는 사람이라면 그동안의 안부를 나누는 것이 좋다. 또한 후보자와 모든 대상자와의 사이에 형성된 공감대를 상기시키거나 자극하는 것도 하나의 방법이 될 수 있다.

3) 출마이유와 후원을 해야 할 의의 설명

모금대상자와 우호적 분위기가 형성되면 다음으로 후보자의 출마이유와 모금대상자가 후원해야 할 의의를 분명하게 설명한다.

이 부분은 당해 후보자의 선거캠페인이 유권자에게 전달하고자 하

는 메시지에 바탕을 두는 것으로 잠재적인 후원인이 후원을 결정하도록 하는 중요한 계기가 될 수 있다.

만약 모금대상자가 이전에 당해 후보자에게 후원한 적이 없는 사람이라면 중요한 이슈에 대한 후보자의 견해와 배경에 대해서 설명하는 것이 좋다.

4) 선거캠페인의 특징을 설명

후보자의 선거캠페인이 이길 수밖에 없는 독특한 강점 또는 특징, 내부자가 아니면 알려줄 수 없는 독점적인 정보를 줄 때 모금대상자의 마음을 움직일 수 있다.

최근의 여론조사 결과, 승리를 위한 전략과 전술, 후보자를 지지하는 중요한 지지세력, 모금 목표 등이 그러한 정보에 포함될 것이다.

5) 구체적인 헌금액수의 요청

개별적 모금액수는 잠재적인 후원인이 낼 수 있다고 생각하는 금액을 약간 상회하는 구체적인 액수를 솔직하고 단도직입적으로 요청하는 것이 좋다.

6) 후원금의 용도를 설명

후원금이 왜 필요한지를 설명한다. 후원금이 어떠한 용도와 어디에 쓰였는지를 알려주는 것이 좋다. 또한 후원인들에게 후원금이 얼마나 선거캠페인에 긴요한지 구체적으로 설명하는 것이 좋다. 매주

단위로 사용내역서를 준비하는 것도 좋다.

7) 후원자와의 관계 유지

선거캠페인 중에는 후원약속자의 이름을 후원자 명단에 올리고 정기적으로 그에 대한 정보를 갱신하는 동시에 선거캠페인에 관한 소식을 선거법이 허용하는 방법을 통해 정기적으로 알려주도록 한다.

선거캠페인이 끝난 후에도 선거의 승패와 관계없이 후원자에 관한 정보를 정기적으로 갱신하는 소식지, 의정보고서, 후원회보 등을 주기적으로 송부하여 후원자와의 관계를 지속적으로 유지한다.

모금 방법은 직접 모금, 디너 모임, 전화 모금, DM 모금, 신문 광고, 스포츠행사 모금, 각종 이벤트를 통한 모금, 커피 모임, 경매, 바자회, 음식 판매 등이 있다.

(3) 선거자금펀드

선거자금펀드는 부족한 선거자금을 확보하는 데 필요하며 유권자들의 자발적인 투자를 유도하여 홍보의 수단으로도 활용될 수 있다.

펀드는 투자수익률을 지급해야 하는 반면 유권자들의 자발적 참여를 유도할 수 있고, 지역별 성향과 관심도를 나타내는 척도로 사용되고, 불법 정치자금을 근절하고 유권자의 힘으로 정치문화를 개선하겠다는 의지도 담겨있고 공동운명체라는 의미를 부여해 적극 지지자로의 유도가 가능하다.

후보자의 이미지 측면에서도 투명한 자금 운영이라는 면에서 좋은 이미지를 형성할 수 있으므로 펀드 운영은 여러 가지 장점을 가지고 있다.

비슷한 후보끼리의 연대를 통한 후보공동펀드를 한 사이트에 노출하면 모금현황 및 자 기PR 등을 홍보해 비용절감은 물론 좋은 이미지를 연대로 구성할 수 있고 새로운 정치문화를 선도할 수 있어 그 효과는 배가될 것이다.

후보자가 15%의 득표를 해야 선거자금을 전액 보존 받을 수 있기 때문에 펀드에 출자하는 유권자의 입장에서는 돈을 돌려받지 못할 위험이 존재한다. 현행법으로 돈을 돌려주지 못하더라도 법적 책임을 물을 수 있는 근거가 없다.

따라서 채권을 지급할 때 이러한 상황을 알리고 깨끗하고 도덕성에 기반을 둔 선거문화가 대중화될 수 있도록 홍보가 이루어져야 할 것이다.

5. 법률지원단 및 준법감시단

선거법을 완전히 숙지한다는 것은 선거를 이길 수 있는 또 하나의 전략이 될 수 있다. 선거운동원의 불법 하나가 상대에게 공격의 빌미를 제공하고 낙선의 결과를 가져올 수도 있다. 따라서 법률지원단 및 준법감시단을 활용하여 선거법을 준수하도록 교육해야 한다.

또한 상대가 불법을 저지르는지도 살피고 고발하는 것이 선거의 승패를 결정하는 중요한 요소이며 자칫 불법선거운동을 무시한다면 이길 수 있는 선거를 패하게 되어 아픔을 겪게 되고 선거에 패한 다음엔 모든 것이 다 허사가 된다.

1) 선거법 (공직선거 및 선거부정방지법)에 따라 대통령선거 · 국회의원선거 · 지방의회의원 및 지방자치단체의 장의 선거에서 당선 무효가 되는 경우는 다음과 같다.

① 선거비용의 초과지출로 인한 당선 무효: 선거법에 따른 법정선거비용 제한액의 0.5% 이상을 초과 지출한 이유로 선거사무장 또는 선거사무소의 회계책임자가 징역형의 선고를 받거나 300만 원 이상의 벌금형을 받을 경우 그 후보자의 당선은 무효로 한다.

② 선거비용 수입 · 지출보고서 관련 당선 무효: 당선인의 회계책임자가 선거비용 수입과 지출보고서를 선거관리위원회 미제출, 허위기재나 영수증 기타 증빙서류의 허위기재 등 죄를 범해 징역형 또는 300만 원 이상의 벌금형을 선고받은 때에는 그 후보자(대통령후보자, 비례대표국회의원후보자 및 비례대표 시 · 도의원후보자는 제외)의 당선은 무효로 한다.

③ 당선인의 선거범죄로 인한 당선 무효: 당선인이 당해 선거에 있어 선

거법을 위반하여 징역 또는 100만 원 이상의 벌금형의 선고를 받은 때 그 당선은 무효로 한다.

④ 선거사무장 등의 선거범죄로 인한 당선 무효: 선거사무장·선거사무소의 회계책임자 또는 후보자의 직계존·비속 및 배우자가 당해 선거에 있어서 기부행위 위반 또는 정치자금법 위반으로 징역 또는 300만 원 이상의 벌금형을 받을 경우 그 후보자(대통령후보자, 비례대표국회의원후보자 및 비례대표 시·도의원후보자는 제외)의 당선을 무효로 한다.

당선무효 결정이 나면 앞으로 5년(벌금형) 또는 10년(징역형) 동안 피선거권이 박탈된다. 또 현행 선거법에 따르면 선거사범의 경우 1심 재판은 공소가 제기된 날부터 6개월 이내에, 항소심과 상고심은 각각 3개월 안에 반드시 마쳐야 한다.

2) 선거법을 위반하는 주요 사례를 살펴보면 다음과 같다.

특정 후보를 비방하거나 근거 없는 소문을 인터넷에 게재하거나 해당 트윗을 리트윗하는 행위는 불법이다.

신고 없이 인터넷 등에서 설문조사를 실시하거나 그 결과를 퍼 나르는 행위도 불법이다.

동창회, 향우회, 종친회 등에서 음식을 제공하거나 후보자 측에서 제공한 음식을 먹은 사람도 30배의 과태료를 물게 된다(대통령선거 제외).

선거벽보를 훼손하거나 낙서 혹은 임의 이동을 하면 처벌을 받게 된다.

후보자에게 계란을 던지거나 욕해도 단속대상이다.

공개 장소에서 5명 넘게 무리 지어 특정 후보 지지 구호를 외쳐도 불법이다.

제3부

필승
핵심포인트

제14장

출마 결심

1. 국민에 봉사한다는 확고한 신념을 먼저 다짐해라

선거는 이기는 것이 중요하다. 하지만 이기려면 진정한 정치인으로 자신을 만들어 가야 할 것이다. 그러기 위해서 자신의 몸가짐을 먼저 바르게 해야 한다.

습관은 무의식적으로 표출된다. 요즘처럼 미디어가 발달된 세상에 동영상 하나가 SNS를 통해 선거를 망치는 중요한 요인이 될 수 있기 때문에 과거의 지위나 습관 등을 새롭게 탈바꿈하는 과정이 필요하다.

이러한 것은 자신을 낮추고 국민을 섬기고 오직 국가와 국민을 위해 봉사한다는 마음을 행동으로 표출하는 연습을 계속적으로 반복하지 않고서는 무의식적으로 행해진 잠깐의 실수가 선거를 그르치게 될 수 있음을 명심해야 한다.

인간은 자기 암시를 통하여 무의식의 세상에서 나의 존재를 변화시킬 수 있다. 이를 반복하여 훈련한다면 선거기간 동안 자연스럽게 마음에서 우러나오는 행동을 할 수 있을 것이며 선거에 승리하고도 참된 정치인의 길을 걸을 수 있을 것이다.

정제된 언어사용이나 몸을 낮출 줄 아는 행동, 특히 주변 사람들에 대한 관대함과 배려, 자기를 위해 헌신하는 사람들에 대한 보답 등 이런 것들이 그 사람에 대한 평가를 좋게 하고 그것이 그 사람에 대한 이미지로 확산되어 간다는 것을 명심해야 한다.

주변 사람이 인정하지 않는 정치인은 결국 선거에 이길 수 없기 때문이다.

내가 유권자를 가르치려 하면 절대 안 된다. 유권자는 유권자의 입장을 대변하는 사람을 선택한다는 것에 명심하여야 한다.

유권자와 함께 가겠다는 각오로 철저히 밑바닥에서부터 시작하지 않고는 승리할 수 없을 것이며 좋은 정치인, 큰 정치인이 될 수 없을 것이다.

정치는 내가 원하는 세상을 만드는 것이 아니라 국민이 원하는 세상을 대신할 대표자를 만들어가는 것이므로 다수가 원하는 길을 선택해야 한다는 것을 신념으로 삼아야 할 것이다.

사람은 첫인상이 중요하다. 일단 출마하고 나서 상황에 대처하면 되겠지 하는 안일할 생각으로 선거에 뛰어든다면 선거를 시작도 하기 전에 이미지가 바닥으로 떨어질 많은 일들을 겪게 될 것이다. 출마를 선언하기 전에 그만큼 준비해야 할 것들이 많고 각종 사안에 대한 명확한 입장을 정리해야 한다.

항상 혼자 결정하려 하지 말고 이너서클 그룹을 만들어 놓고 협의를 통하여 각종 사안을 정립하는 것이 중요하며 이러한 이슈를 출마의 변에 담아서 명확한 입장 표명을 한다면 준비된 후보로서 각광 받고 유권자의 표심을 자극할 수 있을 것이다.

고위직을 거친 후보일수록 본인은 잘할 것으로 판단하기 쉬우나 정치는 또 다른 직업으로 새로운 분야의 진출에 성급한 판단은 화를 불러올 수 있으며 이러한 사례는 반기문 후보의 경우에서 볼 수 있다.

반기문 후보는 유엔사무총장직을 훌륭히 수행하고 돌아왔지만 선거조직도 갖추지 못한 상태에서 선거전에 급히 뛰어들어 준비 안 된 후보로 이미지를 실추하여 결국 3주 만에 사퇴에 이르는 사례를 보면 출발이 얼마나 중요한지 알 수 있을 것이다.

선거를 하나의 프로젝트라고 한다면, 먼저 그 프로젝트에 수반되는 요소 등을 찾아내는 것이 중요하다. 선거는 지역이나 상황에 따라 많은 전략적 차이를 가져오기 때문에 현시점에서의 상황을 파악하는 것이 중요하다.

예를 들면 정당의 영향력, 유권자의 수준, 중요 이슈, 언론 상황, 조직 상황, 자금 상황 등이 고려되어야 하고, 이를 위한 선거조직 구성방안 등 해야 할 일이 무수히 많다.

정당의 영향력 및 자금과 조직력에만 의지하던 선거는 지났다. 미디어의 발달에 따라 후보의 이미지를 어떻게 만들어 가느냐에 따라 선거의 승패가 좌우되기 때문이다.

작은 선거일수록 조직에 의존하는 경우가 많으나 대도시나 큰 선거일수록 후보자의 작은 실수 하나, 말 한마디에 선거의 승패가 좌우될 수 있고 연설문에서부터 유권자를 만나는 방법, 언론관계 및 옷차림까지 전략적으로 접근해야 한다.

이러한 요소들에 대한 진행 순서를 만들고 단계별로 통합된 전략을 세워, 이를 후보자가 잘 이행할 수 있도록 해야 한다.

종합상황실을 중심으로 항상 피드백하고 잘못 시행된 것을 수정하고 상황별 전략을 수정하는 일련의 과정을 계속적으로 반복해야 하며, 여론조사나 조직의 상황보고를 통해 항상 이를 점검하고 조정해야 한다.

이 과정에서 얻어야 할 표와 버려야 할 표, 계속 가야 할 정책과 포기해야 할 정책, 같이 갈 조직과 같이 갈 수 없는 조직 등을 구분하고 자금의 효용성 등을 고려하여 이길 수 있는 방향으로 모든 일들이 전략적으로 먼저 접촉하여야 한다.

또한 지지층 결집에도 본인의 지인이라 할지라도 지인 입장에서는 경쟁자도 지인일 수 있기 때문에 선거를 시작할 때 미리 전략적으로 선수를 쳐야 한다.

내가 먼저 한 부탁을 승낙한 다음에 경쟁자가 요청한다 해도 마음을 바꾸기는 어렵고 경쟁자가 먼저 선수를 친 경우 내 지인이라도 적극적 지지를 받아내기가 어려워진다는 것을 명심하자.

4. 당선 후의 그림을 먼저 그리고 시작해라

선거에 이기는 것은 중요하지만 이기고 난 후가 더욱 중요하다. 선거는 유권자의 대표를 뽑아 유권자의 대변인 역할을 하고 유권자의 대표로서 주어진 업무를 성실히 수행하라는 것인데, 이러한 교과서적인 기본을 망각하고 유권자를 가르치려 한다면 선거에서 절대 이길 수 없음을 명심해야 한다.

선거에 임하는 후보나 참모들은 선거에 이기는 것에만 집착하는 경향이 있으나 이로 인해 선거에 이기고도 그 후유증으로 업무수행에 막대한 지장을 초래하고 자기를 도와준 선거조직원이 자기의 발목을 잡거나, 때로는 당선이 취소되는 사태까지 종종 나오게 된다.

선거에 임하기 앞서 내가 당선된다는 가정하에 당선 후에 해야 할 일을 먼저 정리하고 그에 맞는 조직체계를 만들어 선거에 임해야 한다.

자신이 해야 할 정책과 필요한 사람을 항상 염두에 두고 있어야만 선거 후에 중용할 사람을 선거 중에 중책을 맡길 수 있는 것이다. 반대로 그렇지 않은 사람을 단지 선거를 위해 이용하려 한다면 더 큰 문제를 야기할 수 있게 된다.

또한 당선 후에 해야 할 일들이 정리되어야만 효과적인 자금의 지출이나 정책개발 등도 착오가 없이 일관되게 진행될 수 있을 것이고, 그것이 또한 선거에 영향을 미쳐 당선 확률을 높이게 될 수 있을 것이다.

선거에 참여하는 사람들은 선거 후에 자기가 어떤 자리에 갈 것인가에 관심이 많다. 선거조직을 구성할 때에는 이런 일들을 염두에 두고 자리를 배정해야 한다.

그러나 사전에 어떤 자리를 보장한다면 오히려 더 큰 화를 불러올 수 있으니 후보자 스스로 판단하고 선거가 끝 날 때까지 결코 드러내서는 안 된다.

5. 知彼知己(지피지기)면 百戰不殆(백전불태)이다

손자병법에 나오는 글귀로 상대를 알고 나를 알면 백번 싸워도 위태로울 것이 없다는 뜻으로 원문은 다음과 같다.

知彼知己 百戰不殆(지피지기 백전불태)
적을 알고 나를 알면 백번 싸워도 위태로울 것이 없으나
不知彼而知己 一勝一負(부지피이지기 일승일부)
적을 모르고 나를 알면 승과 패를 각각 주고받을 것이며
不知彼不知己 每戰必敗(부지피부지기 매전필패)
적을 모르는 상황에서 나조차도 모르면 싸움에서 반드시 패배한다는 뜻을 가지고 있다.

총성이 울리는 전쟁터가 아니어도 치열한 경쟁 관계가 펼쳐지는 선거의 장에서는 후보 자신이나 경쟁 상대의 능력과 약점을 정확하게 파악하는 것이 무엇보다도 중요한 선결 과제이며 이를 소홀해서는 안 될 것이다.

선거는 상대가 공격해 올 때 상대를 잘 파악하고 있으면 이를 적절해 대응하고 오히려 적의 공격을 나의 공격대상으로 바꿔버리기도 한다.

선거의 막판에는 반격할 시간을 두지 않고 공격해 오는 경우가 많으며 이를 바로 대응하지 않으면 타이밍을 놓치게 되어 선거를 망칠 수 있다. 따라서 공격에 미리 대비할 수 있게 상황별 사전 준비가 필

요하며, 또한 상대의 공격 대상을 미리 준비해 두어야 한다.

또한 상대후보가 본인의 약점은 공격할 때는 과감히 정면 돌파하는 것이 좋다. 이를 숨기려 하다 거짓말이 드러나면 더 큰 파장을 몰고 올 수 있으므로 조심하여야 한다.

6. 선거를 위한 기본 핵심조직을 먼저 구성하라

마음가짐과 행동을 바로 잡았으면 이제 선거를 위한 첫걸음은 내 사람을 만드는 것이다. 내 사람은 내가 평생 책임지겠다는 신념을 보여줘야 그 사람도 믿고 자기의 모든 것을 던져 도와줄 수 있을 것이다.

처음부터 내 사람이 있는 것이 아니고 그동안의 친분이 선거라는 과정을 통해서 내 사람으로 만들어지는 것이라 생각하면 될 것이다.

선거에는 전략가가 중요하다. 또한 언론이나 이미지도 중요하며 또한 조직을 만들어 내는 것도 무척 중요하다. 사람은 많으나 맹목적인 충성심만으로 선거를 이길 수 없다. 이러한 사람들을 잘 선별해서 4~5명 이내의 팀을 만드는 것이 이 단계의 핵심이다.

이 사람들과는 선거에 관한 모든 것을 상의하고 같이 결정해 나가야 하며 후보자라 할지라도 단독으로 어떤 결정이 내려져 시행되는 일이 없어야 한다. 생각을 공유함으로써 선거기간 내 급박하게 돌아가는 일들의 진행이 원만해지기 때문이다.

각자의 역할을 정확히 정하고 그 분야에 전권을 줄 수 있는 사람으로 구성되어야 할 것이다. 그러기 위해서는 최소한 몇 달 동안 매일 모여 선거의 시작에서 끝까지 뿐만 아니라 선거에 이기고 난 후의 처리 과정까지 생각을 공유할 필요가 있고 이 과정에서 사람을 선별할 수 있다.

최소한 선거 1년 전까지는 이런 과정을 통하여 확실한 내 참모를 구성하여야 내 생각을 공유할 수 있고, 반대로 그 사람들의 생각을 받아들여 내가 국민 속에 들어가 유권자가 원하는 정치인으로 거듭날 수 있도록 나를 만들 수 있게 된다.

참모들은 각자의 역할분담을 통해 그 분야의 전문가들을 지지자로 영입하는 작업을 해야 하며, 논리를 만들어 우리 후보가 당선되어야 하는 당위성을 설득해 나가야 한다. 이러한 당위성 없이 친분관계에만 의존하기에는 한계가 있다.

7. 배우자 및 친인척과의 관계를 명확히 설정하라

배우자는 후보자 선거운동원 중의 한 사람이다. 후보자 위에서 명령하거나 감시하는 사람이 되어서는 안 된다.

선거에서 후보 배우자의 중요성을 감안한다면 필요 시 의사결정그룹 회의에도 참여하고 여기서 결정된 사항을 준수하고 성실히 이행할 책임이 있다. 그렇지 않다면 선거에 별도 행보로 나서지 말고 그냥 뒤에서 조용히 내조하는 것이 좋다.

기자들은 배우자의 행동을 항상 주시하고 있으며, 언제 어느 때 어떤 질문이 나올지 모르기 때문이다. 또한 현대 선거에서 배우자가 뒤에서 관망만 한다는 것은 합당하지 않다.

언론이나 여성단체나 모임에서도 항상 주시하고 있어 언행 한마디 사진 한 컷이 선거에 많은 영향을 미치므로 후보자의 배우자는 항상 후보자만큼 행동이나 언행에 조심해야 한다.

친·인척의 경우도 마찬가지이다. 후보자에게 직접 접근이 어려운 사람들이 친·인척을 접촉하는 경우가 많다. 그러므로 친·인척들도 선거캠프에 합류할 경우 업무 역할을 명확히 정해서 선거에 도움을 줄 수 있는 방향으로 움직여야 한다.

선거를 하는 사람들은 후보와 생각을 공유하고 선거를 이끌어 가고 있는데 친·인척이 오히려 선거캠프에 있는 사람들과 불화가 나는 경우도 많이 있다. 친·인척은 이러한 상호관계를 알고 친·인척들은 캠프 사람들과 생각을 공유해야 하며 함부로 나서는 일이 있어서는 안 된다.

친·인척의 관계 설정은 후보자만이 할 수 있으므로 친·인척과 핵심조직원들의 역할을 정확히 나누는 것이 중요하며 이들도 의사결정 그룹의 통제를 받아 움직이도록 하여야 한다는 것을 명심해야 한다.

자금의 운영은 선거법에 가장 민감한 부분이며 조직을 만드는 데 없어서는 안 될 중요한 요소이다. 많은 자금을 들여 선거를 치루는 것은 현실 정치에서 지양해야 할 과제이며, 불필요한 자금의 흐름을 막는다면 보다 효과적인 선거를 치를 수 있다.

이를 위해서 먼저 예산계획을 세우는 것이 무엇보다도 중요하다. 나중에 보존되는 선거비용일지라도 이를 효과적으로 배분하고, 선거비용으로 인정받지 못하는 비용을 어떻게 효과적으로 줄일 수 있는가 하는 것이 자금운용의 핵심이 된다.

본인의 자금운용 수준을 먼저 파악하고 예산에 의해 순차적으로 투입되어야 하는 자금을 정하고 참모 중 한 사람이 이를 총괄하도록 한다.

후보자 본인은 절대 자금에 관여하지 말고 선거에만 집중해야지 어설프게 자금운용에 관여하다 보면 선거를 그르치기 쉽다.

선거비용 중 사조직을 운영하는데 투입되는 자금은 선거비용으로 보전받지 못하는 비용이므로 조직을 방만하게 운영하여서는 절대 안 된다는 것을 명심해야 한다.

즉 선거를 하다 보면 명단을 들고 다니며 내가 가지고 있는 유권자의 수를 과시하는 선거꾼들에게 선거자금이 들어간다면 나중에 큰 화를 불러올 수 있으므로 특별히 조심하여야 한다.

조직은 핵심조직원을 선거운동원으로 등재 하고 그 선거조직원이 관여하고 소개하는 조직들로 후보의 조직으로 만들어 나가는 방법 자금을 효율적으로 운영하는 핵심이므로 이 방법을 최대한 활용하여야 한다.

자금계획이 제대로 이행되지 않는다면 그 조직 속에서 일하는 사람들은 마음이 떠나 선거운동에 적극적으로 임하지 않게 될 것이다. 사람을 움직이는데 자금은 그만큼 중요한 역할을 하기 때문에 철저하게 예산계획에 의하여 움직이는 것이 중요하다.

후보자는 결코 자금을 만져서도 안 되고 특히 선거에 관련된 업체와 접촉해서도 안 된다. 자금을 절약하고자 하는 목적에서 후보가 직접 업체와의 거래를 시작한다면 더 큰 화를 불러올 수 있다. 이는 철저히 핵심참모에 맡겨 진행시켜야 한다.

선거운동

1. 법률적 지식을 숙지하고 선거를 준비하라

선거에 임하는 참모나 선거운동원 하물며 후보조차 선거법에 익숙지 않아 혼선을 빚거나 사소한 선거법 위반을 대수롭지 않게 여기는 경우가 있는데, 사전 선거법에 관한 교육 등을 통하여 선거법을 완전히 숙지한다는 것이 선거의 중요한 전략이 될 수 있다.

선거운동원의 불법 하나가 상대에게 공격의 빌미를 제공하고 때에 따라 치명타를 가져올 수도 있다. 따라서 준법감시단을 활용하여 선거법을 준수하도록 여러 차례에 걸쳐 교육이 이루어져야 한다.

또한 준법감시단은 상대가 불법을 행하는지도 살피며 경쟁후보의 선거법 위반을 고발함으로써 선거를 승리로 이끌어가는 결정적인 중요한 요소가 될 수 있다.

자칫 소홀하게 판단하여 이를 무시한다면 이길 수 있는 선거를 패하게 될 수도 있다. 현 선거제도에서 오직 1등만을 위한 선거이기 때문에 패한 다음엔 모든 것이 허사가 되어버린다.

선관위 담당자와 항상 연결하여 조금이라도 의심이 되는 것은 같이 상의하여 결정하는 것이 좋으며 늘 선거가 끝날 때까지 우호적으로 대한다면 위급 상황에서 도움을 받을 수 있다.

2. 의사결정그룹을 통하여 결정하고 시행하라

후보 독단의 의사결정은 선거를 망치기 쉽다. 또한 제2의 권력자가 있어 의사결정을 독단적으로 한다면 반드시 문제가 제기되고 선거를 어렵게 만들 수 있다.

물론, 의사결정그룹을 통한 의사결정이 자칫 시간적으로 긴급한 사항에 시간을 허비하는 경우가 발생할 수 있으나 의사결정그룹을 두는 이유는 한 사람의 생각보다는 여러 사람이 의견을 내는 과정에서 실수가 걸러지고 보다 보편적인 의견을 수렴할 수 있다는 장점이 있기 때문이다.

신속한 의사결정을 요하는 사항들은 사전 회의를 통해서 미리 예견하고 사전 약속해 놓는 방법으로 진행되어야 하며 사전 예상치 못한 상황에서는 그룹 전화나 그룹 카카오톡을 통하여 신속하게 의사결정을 하여야 한다.

제15장 선거운동

의사결정그룹은 후보자 및 후보자의 핵심참모 그리고 전문가를 포함한 의사결정그룹을 만들어 모든 일을 협의체에서 결정하도록 해야 하며 자기를 대신할 2인자를 만들어 의사결정을 하게 해서도 안 된다.

항상 후보자를 중심으로 의사결정그룹이 움직이고 분야별 책임자를 선정해 후보가 같이 관여해야 커뮤니케이션의 혼선을 막을 수 있고 선거운동을 원활하게 수행할 수 있다.

후보자, 배우자, 또는 제3의 인물이든지 누구든 독자적인 행보나 의사결정을 내린다면 조직이 흩어지고 예기치 않은 역풍을 맞게 될 수 있으므로 의사결정그룹을 잘 활용해야 한다.

의사결정그룹에서 정해진 사항은 즉시 시행될 수 있도록 조직 네트워크를 구성하여야 한다. 사항이 긴급하여 즉시 시행해야 할 일이 자주 발생할 수 있다. 이를 위해 미래에 일어날 수 있는 상황을 예상하여 미리 시나리오를 정해 두는 것이 좋다.

또한 이러한 사항은 기밀을 제외하고는 기록으로 남겨 선거운동원들을 통해 받아볼 수 있도록 하여 혼선을 피해야 한다. 전략이 수정되었는데도 이를 알지 못하는 선거조직원이 있으면 선거에 오히려 마이너스 요인으로 작용될 것이기 때문이다.

선거가 본격적으로 시작되기 전에 지지층부터 결집시켜야 한다. 새 확장을 위해 학연, 지연 및 혈연관계의 지지층을 결집시키는 등 '집토끼 잡기'에 적극 나서야 한다. 종친회 및 동창회 등 각종 모임이나 후보 자신의 혈연과 학연을 최대한 활용해 지지기반을 넓혀나가야 한다.

지지층에게 인정받지 못하는 상황에서 부동층을 공략한다면 지지층의 반발을 초래하며, 결국 부동층 공략에도 실패하고 말 것이다. 부동층은 선거 분위기, 선거이슈 또는 선거 대세에 따라 움직이는 경향이 있기 때문이다.

유권자가 대세에 따라 움직이는 밴드왜건(band wagon) 효과는 중간층에서 가장 크게 나타난다. 지지층 결속에 실패해 안정적인 지지율을 확보하지 못한 후보는 부동층의 지지도 얻지 못한다.

모든 선거전략은 내부에서 시작된다. 후보의 장점이 내부에서 먼저 인식하고 있어야 외부로 확산될 수 있고, 또한 내부의 문제점도 자연이 외부로 유출되어 선거에 악영향을 미치게 된다.

따라서 내부조직이나 지지자들을 결속시켜 정보의 유출을 막고 후보의 장점을 널리 홍보할 수 있도록 내부결속을 강화하여 후보의 장점이 자연스럽게 확산될 수 있도록 계속적인 정보제공 및 논리를 강화하여 부동층의 설득을 강화하여야 한다.

4. 유권자를 분류하고 목표 타겟을 정해라

선거조직이 어느 정도 갖춰지면 유권자분석이 중요하다. 유권자를 분류하는 것은 곧 전략을 어떻게 세울 것인지를 결정하는 것으로 선거를 전략적으로 수행하는 기본이 되는 것이다.

지역별 생활수준, 유권자의 출신지역별 분포도, 유권자가 민감하게 반응하는 이슈, 젊은층과 노년층의 비율, 학력 수준 등 유권자를 최대한 다양하게 분류해야 이러한 유권자의 성향에 맞는 정책과 전략이 나오게 된다.

특히, 지역별 중요 이슈사항이 많이 있다. 여러 가지 이슈에는 반드시 찬·반이 있고 여론의 흐름이 있으며 후보자는 결국 다수의 의견을 따라 다수가 원하는 것을 이루어 줄 수 있어야 한다.

유권자를 위한 기존 사례를 살펴본다면 좋은 대안이 나올 수 있으며 선거 전문기관을 통해 정확한 상황분석을 한다면 더 좋은 결과를 가져올 수 있을 것이다.

설문조사는 현대 선거에서 가장 중요한 요소이며 선거의 많은 부분을 할당해야 할 필요가 있는 부분이다.

공식 설문조사 기관에서 하는 여론조사는 단순한 일부분만을 표현할 수밖에 없다. 보다 자세한 전략을 수립하기 위해서는 설문조사 기관의 보다 상세한 분석이 필요하다.

자료를 충분히 확보하고 이를 근거로 전략에 맞는 설문조사를 실시하고 이를 토대로 전략을 세워야 한다.

좋은 분석을 위해서는 여론조사를 자체적으로 운영할 수 있도록 좋은 설문조사 기관과 계약을 맺는 것도 좋은 방법이다.

주변 사람들의 의견을 들어보는 것은 중요하지만 결국 여론조사를 통해서 객관적인 데이터를 추출할 수 있어야 좋은 선거전략을 세울 수 있고 마지막까지 여론조사 변화추이를 통해서 전략이 만들 수 있을 것이다.

여론조사와 핵심인력이 수집해온 정보를 토대로 집중해야 할 유권자를 구분해야 효율적인 선거에 임할 수 있다. 모든 유권자를 다 안고 갈 수는 없다.

처음에는 양쪽 다 호응하는 것으로 보이나 마지막 투표장에서 돌아서는 이유가 바로 애매모호한 전략 때문이다.

5. 경쟁후보를 분석하고 차별성을 찾아내라

선거는 유권자의 마음을 얻는 것이지만 유권자만 쫓아다니다 보면 어느 순간에 경쟁후보의 결정적 한 방에 무너지는 것을 종종 볼 수 있다.

경쟁후보에 대한 조사를 매일 주시하면서 전략 및 행보를 체크하고, 그에 대한 대응책과 경쟁후보의 실수를 활용하는 전략을 구사하다 보면 보다 쉽게 선거의 승기를 잡을 수 있는 기회가 올 것이다.

선거는 결정적인 실수를 하지 않는 것이 유권자의 마음을 잡는 것보다 더 중요하다.

그러나 실수를 저지르더라도 이를 잘 대응한다면 이것이 이슈가 되어 오히려 실수를 통해 역전의 발판을 마련할 수 있는 기회도 되기 때문에 대응방법은 신속히 결정하고 빠른 대응만이 선거를 유리하게 이끌어 낼 수 있을 것이다.

또한 경쟁후보를 분석하는 중요한 이유는 나만의 차별성을 만들어 낼 수 있기 때문이며, 이는 결국 선거를 자기 주도적으로 이끌어 갈 수 있는 전략적 요소를 제공하게 되는 것이다.

상대방 전술에 대응만 하다 보면 선거가 상대에게 끌려가는 듯한 인상을 주게 되어 좋은 이미지를 만들어 낼 수 없을 것이다. 주도권을 갖고자 한다면 차별화를 통해 선거 주요 시점마다 새로운 면을 계속적으로 부각시켜야 하며 차별화를 통해 깊은 인상을 심어주어야 하기 때문이다.

경쟁후보와의 차별화에 대한 분석은 선거 마지막까지 계속되어야 하며 상대방의 차별화 공격에 신속하게 대응하는 것이 선거의 승패를 좌우하는 가장 중요한 요소라는 인식을 갖고 선거에 임해야 한다.

6. 언론의 중요함을 인식하고 전략적으로 접근해라

대언론관계는 기자들과의 관계를 의미한다. 기자도 사람이다 보니 자기에게 우호적인 사람에게 기사도 우호적으로 작성하게 된다.

기자들과의 관계에 평소부터 각별히 신경을 써두는 것이 중요하며 항상 겸손한 자세로 상대를 예우해야 한다.

절대 불필요한 농담을 하지 말고 항상 진지한 태도로 기자들과 관계를 유지하는 것이 중요하다.

언론에 우호적인 적임자를 참모로 영입해야 하는 것이 그 어떤 일보다도 우선적으로 고려해야 하며 기자들의 질문에 성실해 답해주어야 한다.

또한 기자들을 통해 상대방의 정보도 파악하여 활용할 수 있을 것이며, 반대로 기자와 친하다고 하여 우리의 정보를 그들에게 쉽게 애기한다면 그 정보는 경쟁후보에게 알려주는 꼴이 될 것이므로 이러한 우를 범해서는 안 된다.

보도자료는 후보캠프에서 직접 작성하게 되면 표현하고자 하는 바를 정확하게 전달할 수 있으므로 가급적 미리 준비해 각 언론사에 전달해 주도록 하며, 수행 시 좋은 사진을 항상 준비함으로써 시기적절하게 사용될 수 있도록 하여야 한다.

기자와의 원만한 관계도 중요하지만 후보자가 언론을 얼마나 중요하게 생각하는지는 언론에 대하는 태도에 전적으로 달려있다고 생각해야 한다.

그것은 내 사람을 만드는 것과 다를 것이 없으므로 지속적인 언론 관계를 유지하는 것이 기자를 내 사람으로 만드는 것과 같은 차원에서 이루어져야 한다.

7. 정책을 개발할 때는 현장에서 그 답을 구하라

정책을 입안하는 사람은 보통 혼자 정책을 수집 · 정리하고 차별화된 정책을 만들기 위해 노력하고 그 정책에 만족하는 경우가 많이 발생한다. 하지만 이것으로 정책개발을 마감한다면 좋은 정책이 절대나올 수 없다.

정책을 수집 · 정리한 후 후보자나 선거조직원이 현장에서 듣고 토론하는 과정에서 훌륭하고 좋은 정책들이 안건으로 올라오는데, 이를 잘 협의하여 정책에 반영하도록 정책을 입안하는 사람과 소통되는 시스템이 갖춰져야 한다.

시스템적으로 이러한 체계가 갖춰져 있지 않다면 현장의 소리는 공허한 메아리가 되어버릴 것이고 이와 관련된 사람들은 배신감을 느끼게 되고 후보자의 이미지를 실추하게 하는 결정적인 요인으로 작용하게 될 것이다.

책상 앞에서 정리하는 정책만으로는 선거에 결정적 영향을 미칠 수 있는 대안이 나올 수 없음을 인식하고 현장의 의견을 항상 반영될 수 있는 조직체계를 갖추어야 좀 더 실질적인 정책 대안을 만들어 낼 수 있을 것이다.

지금 현 사회는 다양한 사고를 가진 사람들이 모여 사는 복잡한 세상을 살고 있다. 이러한 복잡성을 단순화하려고 하면 안 되고, 복잡한 사람들의 생각을 정책에 잘 반영하는 것이 후보자로서 해야 할 직무라는 것을 잊어서는 안 된다.

이러한 작업 또한 선거가 끝날 때까지 계속 수행해야 하며 선거 후에도 지속적으로 좋은 정책을 만들어 나가야 더 큰 정치인이 될 수 있을 것이다. 정치에 입문한다면 큰 뜻을 먼저 품어야 작은 것에 초연할 수 있고 눈앞의 일에 집착하지 않고 바른 정치를 해 나갈 수 있는 것이다.

정책팀은 분야별 자문위원을 두고 지역의 조직책임자와 네트워크를 형성하여 채널을 가동하고 필요 시 미팅을 통해 지역별로 정책을 개발·수정하고 이미지팀과 협의하여 정책에 반영해야 한다.

또한 정책팀은 분야별로 구성하며 저녁 9시 전체회의를 통하여 그날의 조직에서 올라온 내용을 종합하여 추가될 것과 보완되어야 하는 부분을 결정하고 경쟁후보의 정책변화에 대비하여 우리의 차별화 전략을 논의하고 이를 다음날 오전 7시 전체회의를 통해 확정하여 선거운동에 반영토록 한다.

8. 후보의 이미지를 통합 관리하라

이미지를 일원화한다는 것은 선거에서 매우 중요하다. 이미지는 이미지팀에서 전체적인 이미지를 관장하도록 하는 것이 좋다. 이미지팀은 이미지를 어떻게 선정할 것인가를 협의하고 통일된 이미지를 만들어야 한다.

이미지는 얼굴이나 표정, 머리 모양, 옷에 대한 코디, 말투, 제스처 같은 외향적인 것에서부터 말의 일관성이나 행동에서 표현되는 것들을 말한다.

이를 적용하는 홍보수단으로는 언론 노출, 유권자와의 만남, 슬로건, 인터넷상에서의 사진이나 문구, 벽보, 포스터나 현수막의 제작 등 모든 분야에서 이미지가 노출되기 때문에 이에 대한 전체를 누군가가 통제하여야 한다.

이를 위해서 이 분야의 전문가가 필요하고 그것을 이미지로 나타내기 위해서는 전문업체와 손잡고 이미지를 꾸려 이미지에 대한 전체 진행을 통일하는 것이 효과적일 것이다.

이미지팀은 전체 이미지를 담당하고, 전략팀 또는 홍보팀(온라인 적극 대응 및 이미지 확산) 등과 함께 매일 저녁 전체회의를 통하여 상대방의 전략을 파악하고 대응전략을 세워 다음 날 아침 회의에 반영되도록 한다.

저녁회의에서 결정된 사항을 다음 날 아침 부문 대표가 전체회의를 통하여 각 조직의 책임자와 정책 분야별 책임자가 전날의 여론조사를 근거로 이미지의 방향을 정하고 후보자의 연설문 및 구호를 정한다.

아침 전체회의에서 그날의 행동 방향을 설정하여야 하며 여기서 수정된 최종사항을 문자나 카톡방을 통해 각조직원들에게 신속히 전달하여 일관된 선거운동을 할 수 있도록 하여야 한다.

9. 종합상황실에 모든 상황을 집중시키고
업무와 역할을 효율적으로 배분해라

종합상황실의 역할은 매우 중요하다. 선거에 임하면 조직은 사실상 따로 움직이는 경우가 많다. 본부조직과 외곽조직으로 구분되어 상호 의사소통이 잘 되지 않고 있는 것이 사실이다.

선거조직원은 모든 상황을 종합상황실로 집중시키고 종합상황실은 이를 수집·정리하고 최고의사결정기관에 올려 결정된 사항을 파트별로 빠짐없이 전달해 선거운동의 일관성을 유지해야 한다.

이러한 과정이 정확하게 이루어질 수 있도록 사전 교육이 되어야 하고 초창기 계속적인 반복 훈련을 통하여 숙지할 수 있도록 하는 것이 필요하다.

일반 선거운동원들은 한시적으로 선거운동에 개입하기 때문에 이러한 절차를 잘 설명해 주어야 한다.

의사결정그룹에서 정한 메시지의 통일과 이의 이행에 대한 총 책임을 맡은 곳이 종합상황실이므로 이를 잘 분배하는 역할이 더욱 중요하다.

긴급 상황 발생 시 신속한 처리를 요구한다. 상황실에서 전달받은 내용에 대해 의사결정과정까지 시간이 지체되고 이를 다시 전달되는 과정에 시간이 지체된다면 효과가 상실되고, 때에 따라서는 돌이킬 수 없는 일이 만들어질 수도 있다.

현장에서 올라온 상황이 의사결정 기구를 통해 다시 조직 및 홍보팀에게 전달되는 과정, 수행팀에서 올라온 상황이 의사결정그룹를 통해 다시 조직이나 수행팀, 홍보팀 등 각 분야로 신속하게 전달하는 것이 선거의 중요한 변수가 될 수 있다.

10. 조직특보는 후보직속으로 채널을 일원화하라

조직은 선거를 관장하는 내부조직과 외부지원조직인 특보조직으로 구분된다.

특보조직은 바로 이 외부조직이며 보통 직능별 및 지역별로 나누어진다. 조직특보의 주 임무는 만나는 사람들을 논리적으로 설득시켜 지지자로 만들어 나가는 것이다.

남이 가져다주는 표는 없다. 오로지 후보 지지자만이 존재한다는 것을 명심해야 한다. 소개를 통해 오는 유권자는 조금만 신경 쓴다면 쉽게 나의 지지자로 만들 수 있을 뿐이다.

어떤 조직의 장이 후보를 밀어준다고 해도 하위조직원들이 그 후보를 지지한다는 보장이 없다. 그러나 조직의 장이 지지를 한다고 할 때 그 조직의 장과 함께 조직원들을 만난다면 그 조직원들이 나를 지지할 확률이 높아질 수 있을 것이다.

따라서 조직을 만들 때 조직본부장이 나의 대변인으로 하여 내가 갈 수 없을 때 나를 대신해서 참석한다고 생각해야 한다. 당연히 본부장 밑의 조직 또한 내 조직인 것이다. 그렇게 대해야 한다는 것이다.

특보조직은 지역별로 책임자를 두어 구성하는데 직능별로 별도 구성되는 일부 큰 조직들은 후보가 직접 컨트롤하고 그 외 직능별 조직들과 지역별 오피니언리더나 덕망이 있는 분들은 리스트를 작성하여 만나야 하는 사람들의 우선 순서를 두어 후보 또는 대리인이 그 상황에 맞게 만나야 한다.

조직에서 사람을 만날 때는 상호 간의 격에 맞는 사람이 찾아가야 하고 반드시 소개를 통해 이루어져야 한다. 후보자가 만날 사람 및 특보수준에서 만날 사람을 구분하고 철저히 인맥을 찾아 진행하고 그 사람을 논리적으로 설득할 수 있어야 한다.

그렇게 사람을 만나면 특보로 임명해도 되는지 여부를 확인하고, 반드시 후보와 면담이 이루어지게 하고 그가 가지고 있는 조직원들을 같이 후보에게 소개하여 후보가 자기의 조직으로 만들어 갈 수 있도록 하여야 하는 것이다.

소개만 받았다고 그 조직이 자기의 조직이 되었다고 안심한다면 투표장에 갈 때 유권자의 마음은 벌써 후보자를 떠나 있을 수도 있다.

후보가 불특정 다수를 만나는 일보다 소개로 이루어진 사람들을 관리하는 것이 더욱더 중요하다. 그 사람들이 후보를 만나고 후보에 대한 평을 자기 조직원들에게 하게 함으로써 더 많은 표를 가져올 수 있기 때문이다.

조직의 하부 단계는 3단계를 넘지 않도록 구성해야 한다. 후보 밑에 1단계 조직으로 조직본부장 또는 총괄 특보를 둘 수 있고 후보 유고 시 후보를 대신하게 된다.

그 밑에 지역별·직능별 특보단장을 포함한 특보단 10~30명 내외는 후보가 직접 관리하는 사람들로 역시 같은 2단계 사람들로 관리되어야 한다. 이 사람들은 언제든지 후보와 직접 통화가 가능하도록 하는 것이 중요하다.

2단계 특보조직 밑에는 10명 내외의 3단계 특보조직을 구성하게 되는데 그 이하까지는 후보가 관리하지 않는다. 통제가 안 되는 조직은 반드시 문제를 발생시킬 수 있기 때문이다.

특보조직원들은 매일 만나는 사람에 대한 업무일지를 관리하고 이를 지역책임자가 수집하여 도표로 관리하여야 한다. 매일 저녁 9시 지역별 회의를 통해 오늘 만난 사람들을 정리하여 어떻게 설득시키고 있는지를 확인하고 상호 그 방법을 논의하여야 한다.

또한 다음 날 만나야 할 사람을 확정하고, 후보자가 해야 할 일을 정의하여 다음날 아침 의사결정그룹의 미팅에 응해야 한다. 이렇게 구성되어야 채널이 일원화될 수 있고 조직이 원활하게 움직여질 수 있을 것이다.

조직특보는 또한 너무 오랫동안 유권자와 술자리를 같이하지 못하도록 해야 한다. 술은 권하되 선거기간 중이니 술을 삼가고 논리적으로 상대를 설득시켜야 할 것이다.

11. 오바마의 SNS 전략을 활용하라

'오바마는 어디에나 있다(Obama is Everywhere)' 전략은 오바마가 온라인 공간에서 영향력을 넓히고 힘을 키우는 가장 핵심적인 개념이다.

오바마는 트위터, 페이스북, 유튜브 등 사람들이 많이 이용하는 주요 소셜미디어 서비스에 자신의 계정을 개설하고 사람들과 친구를 맺고 콘텐츠를 게재했다.

다양한 채널을 운영한 덕분에 오바마 지지자들은 검색을 통해서도, 유튜브 채널을 통해서도, 트위터 채널이나 페이스북을 통해서도 오바마와 접촉할 수 있었고, 그들에 관한 정보를 얻을 수 있었다. 그리고 이들 소셜미디어에 포함된 '공유' 기능(트위터는 리트윗)을 활용해 지지자들은 정보를 확산시킬 수 있었다.

공화당의 미디어 컨설턴트인 알렉스 카스텔라노스는 선거가 치러지기 거의 3개월 전에 이런 말을 했다.

"오바마가 인터넷을 통해 거대한 움직임을 만들어 냈습니다. 그는 대의를 이끌고 있습니다. 매케인은 자기 이력에만 의지하면서 유세를 이끌고 있습니다. 그렇다면 둘 중 어느 쪽이 이기겠습니까? 대의입니까, 아니면 선거 유세입니까? 아직은 아무도 알 수 없습니다."

오바마는 소셜미디어 기술을 통해 지지자들 사이에 강력한 유대감을 형성하고, 이를 통해 초기 지지세력을 확장시키는데 성공했다. 나아가 선거자금을 모금하고 지지자들이 오바마에 대한 정보를 자발적으로 확산시켜나갈 수 있도록 만들었다.

지지자들과 능동적으로 접점을 찾아가려는 오바마의 노력이 온라인상의 여론과 지지세력을 확장시켰고, 이것이 결국 큰 파도가 됐다.

오바마는 대통령이 된 이후에도 SNS 활용에 적극적인 모습을 보였다. 그는 선거 직후 체제 전환과 관련된 논의와 정보 제공, 공고 등을 위한 핵심 사이트로 활용하기 위해 체인지(change.gov) 사이트를 개설했다.

취임식 날 오후 12시 1분, 새롭게 단장한 백악관 사이트에는 새 블로그가 생겼다. 이 블로그는 매우 활발하게 운영 중이고, 리치 미디어가 포함된 게시물이 많이 올라오지만 현재 댓글을 달 수 없게 되어 있다.

오바마 진영에서는 또 SNS 도구를 이용해서 대통령의 입장에 대한 민중의 지지를 모으기 위해 Organizing for America라는 네트워크도 구축했다. 1,300만 명의 회원들에게 처음 발송한 이메일에서는 현재 구상 중인 경기 부양안에 관한 오바마의 생각을 설명해 놓았다.

오바마 취임 이후 가장 먼저 달라진 것은 백악관 홈페이지다. 홈페이지는 디자인과 스타일 자체가 정부기관의 웹사이트라고 보기 힘들만큼 심플하게 디자인되었고, 메인 메뉴에 '블로그'나 '동영상' 같은 콘텐츠들이 배치되는 파격적인 개편을 실시했다.

블로거 김동신(dotty)은 "정부 홈페이지에서 유튜브 동영상이 첨부된 글이 있다거나, 슬라이드쇼로 역대 대통령을 소개한다는 것은 실로 깜짝 놀랄 일"이라고 말했다.

오바마 행정부는 아이폰용 백악관 앱(whitehouse.gov)을 런칭하면서 "당신의 손에서 백악관 정부의 콘텐츠를 〈The White House App〉을 통해 볼 수 있습니다."라는 문구를 내세웠다. 이 앱 안에는 정부와 관련된 영상, 사진, 국정브리핑 내용 등을 볼 수 있고, 국정브리핑의 경우 생방송으로 시청할 수 있다.

유튜브(Youtube)에 이어 인기를 끌고 있는 동영상 서비스 비메오(Vimeo.com)에도 백악관 채널이 개설되어 있다.

백악관 채널(The White House Channel)은 구독자만 600명 이상이 있고, 다양한 댓글과 'whitehousevideo' 태깅으로 관련 동영상까지 수집하고 있어 적극적인 커뮤니케이션 활동을 펼치고 있다.

SNS를 통해 국민과 소통하기 위한 오바마 정부의 노력은 '열린 정부'로 대표되는 일련의 노력들을 통해 정부가 보다 쉽게 다가가는 발판을 만들었다.

오바마는 2010년 5월 25일 미국 공무원들과 인터넷 정책 관계자들이 모여 개최한 '워싱턴 Gov2.0 Expo'에서 "21세기 웹 시대를 맞아 디지털 시민이 표현하는 의사를 반영하지 못하는 정부는 이미 대표성을 잃은, 나와 무관한 정부"라고 말한 것은 디지털에 대한 그의 관심을 고스란히 보여주는 대목이다.

2008년 대선에 이어 집권 기간 내내 온라인을 통한 국민들의 참여를 강조한 오바마는 2012년 재선을 위해서도 소셜미디어 중심의 전략을 짜겠다는 구상이다.

오바마는 2011년 7월 6일 사상 첫 트위터 타운홀 미팅을 개최해 사람들의 관심을 끌었다.

미국 ABC방송은 "오바마 대통령이 가장 듣고 싶어 하는 말이 있다면 '디지털 후보'가 될 것"이라며 디지털과 온라인에 대한 그의 관심을 대변하고 있다.

자료원: 인물과 사상 2012.7 편집부 인물과 사상사

12. TV 토론이 유권자의 마음을 변화시킨다

큰 선거일수록 TV토론의 중요성이 높아진다. 여기서 좋은 이미지를 유권자에게 심어주지 못한다면 선거는 어려워진다.

정책의 상호비교, 상대의 성향을 파악하고 약점 및 단점을 파악하여 예상 질문을 만들고 이에 대응방법을 논의하여 많은 연습을 하여야 한다.

후보 혼자 연습하도록 하지 말고 TV 토론팀, 이미지팀, 정책팀의 전문가들이 팀을 이루어 TV 토론에 집중하여야 하며 예상 질문을 통한 실제 상황처럼 질문과 답변을 연습해 두는 것이 좋다. 말투와 행동제스처까지 점검하고 의견을 모아 준비해야 한다.

토론에 나가면 상대방의 논제에 대한 정확히 핵심을 찌르는 대답과 대화를 이끌어 가는 능력, 침착함 및 여유로움 등이 좋은 정치 후보자로 평가될 것이며 국민을 위하겠다는 확고한 신념이 유권자의 마음을 서서히 변화시켜 나갈 것이다.

말을 잘한다고 이기는 것도 아니며, 너무 조용해도 능력 없어 보일 수 있다. 상대의 공격에 화를 낸다면 분별력이 없어 보일 수 있으며, 침착하고 강한 대응을 한다면 실행력 있고, 차분한 언행과 행동이 좋은 정치 후보자로 평가되기도 한다.

또한 필요에 따라 동정표를 자극해 승기를 이끌어 낼 수도 있고 경쟁후보의 약점을 부각시키는 것도 TV토론에서 중요한 일이다.

때로는 자기의 약점을 보완하기 위해 새로운 논제를 부각시켜 상대가 잘 알지 못하는 부분에 논리적으로 전개한다면 주도권을 가질수 있으므로 몇 가지 사안에는 깊은 지식을 요구한다.

토론은 어느 한쪽으로 치우치기 보다는 다수를 아우르는 것이 효과적일 수 있으며 전문성을 나타낼 수 있는 용어를 사용하고 수치나 도표를 활용한다면 더욱 신뢰를 줄 수 있고 유권자에게 어필할 수 있을 것이므로 이러한 것들을 고려하여 준비에 임하여야 한다.

13. 공조직과 사조직의 적절한 조화를 활용하라

공조직 및 사조직의 각 track을 적절히 사용해야 한다. 공조직인 정당의 후보가 되려고 할 때 보통 경선을 통해 정당의 후보가 된다.

따라서 공조직인 정당의 관계자들과 우호적 관계를 유지하면서 정당의 전략을 적극적으로 수용하여 정당의 인사들과 적극적인 관계를 유지하는 것이 중요하다.

정당에만 허용되는 선거대책기구와 실제 선거운동을 추진하는 활동 기구로 구성하고 선대기구의 구성은 시·군·구협의회장 등 주요 당직자와 지역 내 영향력 있는 유력인사를 고루 선임한다.

선거활동 부서를 적절히 편성한다. 종합상황실, 기획, 홍보, 조직, 정책, 총무 등을 서로 균형 있게 배분함으로써 기존 후보 이미지의 연속성을 유지하고 공조직을 기반으로 하는 선거 선거운동계획이 수립될 것이다.

후보자 본인의 사조직에서는 지역의 명망 있고 능력 있는 인사들로 캠프를 구성하여야 한다. 사조직은 선거에서 매우 중요하며, 특히, 후보자의 친·인척, 동문, 동향, 동호회 등의 단체는 사조직으로 선거에서 후보자에게 커다란 도움을 줄 수 있기 때문이다.

이러한 공조직인 정당과 사조직의 두 조직을 적극적으로 운영하면서 균형을 유지한다면 공조직에서 부족한 세부적인 유권자의 접촉을 사조직을 활용하여 관계를 유지하는 것이 선거에서 매우 중요한 전략이 된다.

동창회, 종교 모임, 지역 내 친목 모임과 연구 모임 사조직은 후보가 얼마나 발품을 파느냐에 따라 차이가 난다. 열심히 한 만큼 조직은 반드시 보답한다. 그리고 사조직은 결코 한순간에 이루어지지 않으므로 꾸준히 관리하는 것은 더욱 중요하다.

후보자는 제일 먼저 친지, 동창, 사회 동료 및 지지자 등 자신의 인맥을 총동원하여 선거구 내 거주자 중에서 그들의 부탁이면 반드시 들어줄 특별한 관계의 사람을 능력껏 추천해달라고 요청해야 한다.

가급적 선거구 내 연고자를 추천받는 것이 좋지만, 선거구 내 연고자가 없어도 인맥이 넓은 사람을 추천받아 재차 연고자를 찾을 수도 있다.

14. 피실취허(避實就虛)하라

손자병법에 나오는 말로 손자가 전쟁의 형세에 대해 대개 전쟁의 형세는 물의 흐름과 같은데 물의 흐름이란 높은 곳을 피하고 낮은 곳을 향한다는 뜻으로 전쟁할 때 군대의 형세는 수비가 충실한 곳은 피하고 허점이 있는 곳을 공격하라는 것을 의미한다.

열심히 선거캠페인만 한다고 해서 선거에서 승리할 수 있는 것은 아니다. 선거는 제대로 된 한 줄기의 공격으로 승패가 갈라지는 경우가 많다. 경쟁후보의 약점에 쏟아붓는 한 차례의 줄기찬 공격이 선거에서의 당락을 결정할 수 있다.

강하다고 여겨지는 곳에 경쟁후보의 의외의 취약점이 있는 것이다. 물론 아무리 해도 경쟁후보의 취약점이 드러나지 않을 때도 있을 것이다. 그러나 취약점은 없는 것이 아니라 우리 쪽에서 찾지 못하는 것이다.

막강한 조직을 갖고 있는 것처럼 보이는 상대후보 진영에도 허점은 반드시 있기 마련이다. 엄격한 공직선거법 아래서 조직을 자금으로 움직이는 허점이 생길 수도 있기 때문이다.

상대적으로 홍보 분야에서 매우 취약한 후보도 있다. 홍보의 개념을 잡지 못하고 있다거나 백화점식의 나열로 유권자들에게 크게 어필하지 못하는 수도 있다. 그렇다면 경쟁후보에 비해서 더 체계적이고 효과적인 홍보를 전개해야 할 것이라는 것은 자명한 사실이다.

준비가 적으면서도 많은 것처럼 꾸미기도 해야 하고, 준비가 허술하면서도 아주 완벽한 것처럼 보이기도 해야 한다. 그러면 경쟁후보는 당신의 취약점이 어디인지를 정확하게 찾지 못하고 혼란스러워 할 것이다.

예컨대 홍보 분야에 전혀 준비를 못 한 것처럼 안절부절하게 보인다면 상대후보 역시 마음을 놓을 수도 있다. 그러나 막상 누구보다도 훌륭한 홍보물이 등장할 때 경쟁후보는 긴장하지 않을 수 없게 될 것이다.

상대의 개인연설 계획보다도 한발 앞서 예정된 장소에서 미리 당신의 연설이 시작된다면 분명 상대후보는 당황하지 않을 수가 없을 것이다.

경쟁자를 꺾고 승리하고자 한다면 경쟁자와의 충돌을 피하고 오로지 유권자들에게만 호소하는 점잖은 방법만을 택해서도 안 된다.

이러한 방법을 선택하는 것은 선도후보의 전략일 것이다. 도전후보의 공격을 과감하게 무시하고 도전후보의 전략에 말려들지 않는 것은 선도후보만이 가질 수 있는 특권이기 때문이다.

도전후보는 보다 적극적인 전략을 구사하여야 한다. 그렇다고 해서 불법과 속임수를 발휘해서 선거전을 치루라는 것은 절대 아니다.

페어플레이가 요즈음 선거의 추세이고 반드시 후보도 이를 준수하여야 하며 선거법을 지키는 테두리 안에서 당선을 위한 전략과 전술이 구사되어야 하며 상대에게 역공의 기회를 주어서는 절대 안 되기 때문이다.

15. 여론조사 비용을 아끼지 마라

여론조사는 일정 시점에서 차이가 발생할 수 있으나 장기적으로 여론조사를 하다 보면 그 추세가 나오고 이를 분석하는 것이 선거전략을 짜는데 매우 중요한 역할을 한다.

만약 공식적으로 발표되는 여론조사만 가지고는 그 추세를 파악할 수 없으므로 선거비용의 많은 부분을 차지한다 하더라도 과감히 여론조사에 투자하는 것이 올바른 전략을 수립하는 데 도움이 될 것이다.

지지자들의 현장 소리도 중요하나 이 소리만으로 의사결정을 하는 것은 우물 안 개구리와 같이 매우 위험한 결과를 초래할 수 있다.

여론조사 추이가 앞서나갈 때는 무리한 선거운동은 하지 말고 후보 중심으로 움직여야 한다. 그러나 추세를 계속 관찰하여 경쟁자를 항상 주시함으로써 새로운 이슈에 민첩하게 반응하여야 한다.

여론조사 추이가 뒤처져 있을 때는 선거판을 뒤흔들 수 있는 과감한 이슈를 꺼내어 승부를 걸어야 한다.

선거일 마지막 일주일은 여론조사 발표가 금지되어 있다. 이때가 가장 중요한 시기로 그동안의 여론조사 추세를 관찰함으로 상대에게 마지막 일격을 가할지 안정적인 전략을 취할지를 결정하여 좋은 전략을 만들어 낼 수 있는 것이다.

16. 이슈를 주도하라

선거에서 이슈를 주도하는 것은 유권자로 하여금 강한 이미지를 주고 믿음을 심어주며 다른 후보에 비해 앞서가는 이미지를 심어주기 때문에 이슈를 주도한 후보는 승리할 확률도 그만큼 높아진다.

내가 주도하는 새로운 이슈는 상대가 미처 생각하지 못한 이슈여야 하며 사전 준비가 철저히 이루어진 상태에서 제기된다면 큰 효과를 만들어 낼 수 있다.

상대가 제기한 이슈에 대하여는 동조함으로 그 효과를 반감시키거나 강력한 반대로 이슈를 주도하고 내가 선점한 이슈로 몰아가는 것이 효과적일 것입니다.

이슈를 준비할 때에는 다수의 이슈를 준비해야만 이슈의 주도가 가능해지며, 상대의 공격에 반하여 새로운 이슈를 제기함으로써 위기를 넘길 수도 있다.

섣불리 일정 지역에 국한되거나 편협적인 이슈를 꺼내 든다면 오히려 상대방에게 공격의 빌미를 가져올 수 있으므로 작은 이슈에 너무 집착하지 말고 현재 나와 있는 이슈에 대하여 좀 더 깊은 연구를 통해 만들어 나가는 것이 좋을 것이다.

17. 선제공격은 반격의 여지를 남긴다

섣부른 선제공격으로 상대를 자극하여서는 안 된다. 상대의 약점이 발견되면 이를 자극하고 싶어지는 것이 일반적인 생각이다.

이 네거티브전략은 필요할 때 중요한 순간에 사용해야지 초반부터 사용한다면 상대를 자극하게 되고 되로 주고 말로 받는다는 옛 속담처럼 더 반격을 받을 수 있으며 자기의 약점을 더욱 노출시키는 결과는 낳게 되는 것이다.

상대에게는 철저히 공정한 선거를 치를 것이라는 확신을 주고 상호 비방이 아닌 정책 대결로 몰고 가야 한다. 그런 모습이 유권자들에게 좋은 이미지를 심어주고 선거를 유리하게 이끌 수 있다.

그러나 경쟁자의 행동을 항상 주시하고 있어야 하며 상대방의 공격에 방어할 준비를 하고 있어야 하다. 특히 선거 막판에 이러한 공격은 해명의 시간을 주지 않기 때문에 신속한 대응이 무엇보다도 중요하다.

반대로 상대의 약점은 남겨두었다가 선거결전의 날이 다가올 때 효과적으로 쓸 수 있도록 준비하는 것도 잊어서는 안 된다.

결전의 날

1. 버릴 줄 알아야 이긴다

한쪽을 정확히 선택하는 것은 색깔을 명확히 하는 것이므로 처음부터 선을 긋고 시작하는 것은 좋지 않다. 항상 참모들과 협의하여 정하여야 하며 즉흥적 혹은 독단적 결정은 반드시 화를 부르게 된다는 것을 명심해야 한다.

선거는 50%의 선택을 받거나 후보자가 많을 경우 40% 정도만 얻으면 승리할 수 있으므로 모든 유권자의 지지를 다 얻겠다는 생각은 버려야 한다. 항상 여론조사를 통해 다수의 유권자를 선택할 수 있는 명확한 근거와 확신을 갖고 움직여야 한다.

유권자를 다양한 방법으로 분류하고 여론조사를 통해서 집중 공략해야 할 계층이나 지역 등을 구분하고 그에 맞는 이슈를 찾아 집중 홍보하는 방식을 취하기만 한다면 선거의 승기는 이미 잡은 것이다.

이 구조가 이루어지면 후보가 해야 할 것과 하지 말아야 할 것이 구분되어지고 뭔가 체계가 갖춰져 간다는 것을 느낄 수 있으며, 갈팡질팡하지 않고 순서에 입각하여 체계적인 선거운동을 할 수 있을 것이다.

조직원을 구성할 때도 마찬가지다. 반대 성향의 사람을 내 편으로 만드는 시도는 할 필요가 있으나 평판이 나쁜 사람을 대동하는 것은 좋지 않다. 그렇다고 해서 적으로 만들 필요는 없다. 따라서 내가 중히 쓰는 사람과 그렇지 않은 사람으로 분류하여 관리하여야 할 것이다.

후보는 좋으나 참모가 싫어 상대에게 투표하는 경우가 흔히 볼 수 있으므로 평판이 좋지 않은 지지자는 후선에 물러나게 하는 것이 현명한 판단이다.

조직 내에는 반드시 적의 첩자가 있다고 생각해야 한다. 우리의 정보가 어떻게 상대에게 들어가는지 면밀히 관찰한다면 이를 찾아내는 것이 그리 어렵지 않다.

항상 언행에 조심해야 함은 물론이고 반대로 이를 전략적으로 역이용할 수도 있어야 한다. 불리한 상황을 반전시킬 좋은 기회가 될 수 있기 때문이다.

유리한 상황에서는 내부 갈등을 더욱 조심하여야 한다. 자격이 없는 사람을 감싸고 가다가 상대로부터 역풍을 맞을 수 있다. 상대가 불리하다고 느껴지면 항상 마지막 변화를 추구할 것이기 때문이다.

또한 의외로 유능한 사람이 작은 실수로 모함을 받아 조직에서 버려진다면 큰 손실일 뿐만 아니라 때에 따라서는 역전의 빌미를 제공할 수도 있다.

따라서 핵심조직원들을 화합하게 만드는 것이 무엇보다 중요하다. 이러한 결정 또한 독단적으로 행하여진다면 반드시 문제가 생길 수 있으므로 의사결정 기구에서 결정될 수 있도록 하여야 한다.

2. 어리석은 악수를 두지 마라

적법한 선거운동을 고수하라. 어설픈 공명심이 선거를 망칠 수 있다. 이런 사례를 우리는 주변에서 흔히 볼 수 있다.

급한 나머지 있지도 않은 일을 만들어 낸다든지 상대방에 대한 무리한 공격으로 불법한 일이 발생한다면 상대에게 공격의 여지를 남기게 된다. 설사 당선된다 하더라도 후에 문제가 발생하여 당선 무효가 될 수도 있으므로 적법은 생명과도 같이 지켜야 하는 것이다.

이를 위해서 후보와 후보 가족, 친지나 선거운동원들은 날짜를 정해 수시로 교육을 시행함으로써 선거법을 익히게 하는 것이 중요하며 공식 라인을 통한 언론 노출 과정을 명확히 설정해야 한다.

또한 어떤 오해의 소지도 남겨서는 안 될 것이다. 예를 들어 선거 관계자가 경쟁자 선거운동원을 접촉하는 경우라든지, 후보가 사사로이 선거비용을 줄이고자 선거 관련 업체를 만나면 안 된다는 것이다.

이를 통해서 어떤 루머가 나올 수도 있고 선거에 큰 영향을 끼칠 수 있으므로 후보는 어떠한 경우라도 선거 관련 업체와 만나는 일이 없도록 하며 핵심참모 선에서 처리하도록 한다.

3. 위기관리능력이 승패를 결정한다

선거는 한마디로 위기관리능력이다. 후보에게 악재가 터졌을 때나 어떤 새로운 이슈가 나왔을 때에도 마찬가지로 신속하게 의사결정이 이루어지고 확산시키는가 하는 것이 중요하다.

위기관리에 잘 대응하고 관리할 수 있으려면 그에 합당한 내부조직이 만들어져야 한다. 내부조직을 만드는 것이 중요한 일이며 의사결정 프로세스를 미리 만들어 놓아야 한다.

신속한 커뮤니케이션의 전달과 신속한 의사결정 기구의 가동이 핵심이며 이를 어떻게 홍보할 것인가까지 체계적으로 움직일 수 있도록 선거기간 중에 작은 사안이라도 여러 번 반복적으로 훈련이 되어야 한다. 그래야 실제 큰 이슈가 터졌을 때 신속하게 대처하게 된다.

상대는 우리의 약점을 선거에 이용하려 할 것이므로 사전에 대응 방법을 모색해야 한다. 그럼에도 불구하고 예상치 못한 악재가 나왔을 때 후보가 무시하든지 적극 대응하든지 아니면 상대의 약점을 공격하여 자기의 악재를 희석시키든지 하는 전략을 구사해야 한다.

그러기 위해서는 상대를 공격할 무기를 최소 몇 개는 미리 확보하고 있어야 하며, 작은 사안이라도 별도로 준비하여 상황에 따라 활용하고, 때에 따라서 주기적으로 활용해야 한다. 또한 선거가 불리할 때를 위하여 투표일 1주일 전에는 치명타를 입힐 수 있는 무기를 준비하고 있어야 한다.

이번에 2등 했다고 해서 다음 선거에 유리하다고 절대 볼 수 없는 것이 선거이며 그냥 다음 선거를 노리는 것은 무책임하고 무의미한 것이 선거이다.

선거는 반드시 이겨야 하는 전쟁과도 같은 것이다. 그렇다고 해서 불법을 행하거나 유권자를 속여서 승리한다면 더 큰 상처가 남을 수 있다.

그러나 진실을 왜곡하고 상대의 술책에 넘어가 선거에 패배한다면 그야말로 억울하기 짝이 없을 것이다. 상대의 술책에 넘어가지 않는 것이 바로 위기관리능력이다.

유권자 유동표의 대부분은 선거 일주일 내에 후보를 결정한다. 그 동안 관심 없이 지켜오다 일주일을 남겨놓고 후보에 관심을 보이기 시작하는 경우가 많기 때문이다.

그래서 마지막 일주일에 선거의 판세가 뒤집히는 경우가 많다. 선거를 준비하는 사람은 이 마지막 일주일을 준비하는 것으로 선거에 임해야 한다.

모든 자료를 수집 · 정리하여 최종 타겟을 어디에 두느냐를 결정하고 선거기간 동안에 만들어 놓은 SNS를 최대 활용하고 조직을 최대 가동하여 구전 효과를 극대화 시켜야 한다.

열세에 있는 후보일수록 마지막 일주일에 상대 경쟁후보를 무너트릴 수 있는 아킬레스건을 준비해 두었다가 이 기간에 그 이슈를 제기함으로써 선거를 역전 시켜야 한다.

반대로 앞서가는 후보의 경우 상대후보가 공격해 올 것을 예상하고 이에 바로 대응할 수 있는 비상체제를 가동하고 상대후보를 역 공격할 수 있는 비장의 무기를 숨겨놓았다가 이를 활용하여 상대의 공격을 방어하고 이탈자를 최소화하여 판세를 굳혀나가야 할 것이다.

이기고 있다고 해서 아무것도 하지 않는다면 상대의 치명적인 한

방에 선거가 뒤집어질 수 있으므로 위급상황에 맞불을 놓을 수 있는 사안을 항상 염두에 두고 있어야 한다.

만약 패배가 짙어진다면 이를 뒤집기 위해서는 선거 패러다임을 바꾸는 것을 주저해서는 안 될 것이다. 누구도 건드리지 못하는 이슈를 과감히 들고나와 승부수를 띄워야 한다.

자금 면에서도 이 기간에 최대의 물량을 쏟아부어야 한다. 마지막 총알을 아끼지 말아야 하며, 1명의 유권자도 더 찾아가야 한다. 2008년 강원도 고성군수 보궐선거에서 1표 차이로 떨어진 사례를 잊지 말아야 할 것이다.

이 책을 활용하는 모든 후보자의 필승을 기원합니다.

참고문헌

김주환(2004), "케치업전략", 한국학술정보.

김주환(2010), "PR의 이론과 실제", 학현사.

김진하(2010), "지방선거의 역사적 의미와 6.2 지방선거 분석 : 서울시장 선거 사례분석", 한국정당학회보 9(2), pp. 5-32.

김부겸, 고기석(2012), "캠페인전쟁", 폴리테이아.

김창남(2006), "선거캠페인의 원리와 실행전략", 나남출판.

이재술(2010), "선거전략의 법칙", 서우.

서경선(2012), "선거경험 20년 보좌관이 쓴 선거전략 노하우", 리딩라이프북스.

서경선(2012), "선거전략 노하우", 리딩라이프북스.

Ronad A Faucheux(2010), "정치캠페인 솔루션", 전광우 역, 나남.

Daniel M shea, Michael Jojn Burton(2006), "정치캠페인-선거운동의 전략과 전술", 전광우 역, 나남출판.

김윤재(2003), "정치컨설턴트의 충고", 리북.

김경수(2019), "SNS로 이기는 선거의 기술", 소리주.

강원도민일보 선거홍보 기획단(2014), "선거에 2등은 없다".

시민정치콘서트(2012), "우리는 유권자다", 알마.

㈜e윈컴, 김능구 폴리뉴스(2008), "선거전략 및 홍보전략".

안전행정부, "2013 안전행정통계연보".

중앙선거관리위원회 http://www.nec.go.kr.

http://blog.daum.net/leeminsae

http://blog.never.com/agentikb

http://www.menifesto.or.kr

Coombs, W. T.(1999), Ongoing Crisis Communication : Planning, Managing, and Responding, Sage Publications. Inc.

Philip, Kotler(2005), Marketing Management, 11th ed., NJ:Prentice-Hall.

선거캠프 25시
중앙정치컨설팅

초판 1쇄 발행 2022. 3 4.

지은이 김주환 · 최원복
펴낸이 김병호
편집진행 임윤영 **|** **디자인** 정지영

펴낸곳 주식회사 바른북스
등록 2019년 4월 3일 제2019-000040호
주소 서울시 성동구 연무장5길 9-16, 301호 (성수동2가, 블루스톤타워)
대표전화 070-7857-9719 **경영지원** 02-3409-9719 **팩스** 070-7610-9820
이메일 barunbooks21@naver.com **원고투고** barunbooks21@naver.com
홈페이지 www.barunbooks.com **공식 블로그** blog.naver.com/barunbooks7
공식 포스트 post.naver.com/barunbooks7 **페이스북** facebook.com/barunbooks7

· 책값은 뒤표지에 있습니다. **ISBN** 979-11-6545-647-4 03340

바른북스는 여러분의 다양한 아이디어와 원고 투고를 설레는 마음으로 기다리고 있습니다.